Jürgen Möller

Das Kriegsende in Mitteldeutschland 1945

Chronik der amerikanischen Besetzung von Thüringen und Teilen Sachsens und Sachsen-Anhalts vom 30. März – 8. Mai 1945

DAS BEGLEITBUCH

ZUR GLEICHNAMIGEN BUCHREIHE

Impressum

Umschlaggestaltung: Harald Rockstuhl, Bad Langensalza

Titelbild:
Im thüringischen Blankenhain geht ein Zivilist den amerikanischen Soldaten mit der weißen Fahne entgegen.
Foto: Photo Signal Corps, National Archives, 111-SC-392738

3. bearbeitete und erweiterte Auflage Ende 2024

ISBN 978-3-86777-588-5

Satz und Layout: Jürgen Möller

Druck und Bindearbeiten erfolgen in Deutschland.

Gedruckt auf alterungsbeständigem Papier nach ISO 9706

Die Deutsche Nationalbibliothek verzeichnet diese Publikation in der Deutschen Nationalbibliografie. Detaillierte bibliografische Daten sind im Internet über *http://dnb.d-nb.de* abrufbar.

Inhaber: Harald Rockstuhl
Mitglied des Börsenvereins des Deutschen Buchhandels e.V.
Lange Brüdergasse 12 in D-99947 Bad Langensalza/Thüringen
Telefon: 03603 / 81 22 46   Telefax: 03603 / 81 22 47
www.verlag-rockstuhl.de

Inhaltsverzeichnis

1. Einleitung 4
2. Die allgemeine militärische Lageentwicklung in Mitteldeutschland im April/Mai 1945 6
3. Kurzchronologie des amerikanischen Vormarschs 26
4. Hauptquellenverzeichnis 56
5. Übersichtskarte über die Abschnitte der Armeen und Corps der US Army in Mitteldeutschland 58
6. Die Gliederung der US Army in Mitteldeutschland 59
7. Die amerikanischen Divisionen im mitteldeutschen Raum und ihre Kampfverbände 67
8. Die Strukturen der Divisionen der US Army 72
9. Die Wehrmachtsverbände in Mitteldeutschland April–Mai 1945 74
10. Die Struktur der „Divisionen 45“ der Wehrmacht 80
11. Dienstgradübersicht Wehrmacht/Waffen-SS/Polizei/Reichsarbeitsdienst/US Army 82
12. Abkürzungsverzeichnis 84
13. Personen- und Ortverzeichnis 99
14. Zum Autor 111
15. Büchersuche 112

1. Einleitung

Seit dem Erscheinen des ersten Bandes der Reihe zur amerikanischen Besetzung Mitteldeutschlands 1945 im Jahr 2010 ist eine wachsende Nachfrage zu diesem Thema, das in der Geschichtsschreibung der DDR kaum Beachtung fand, zu verzeichnen. Jahrzehntelang war vielen außer dem Tag als „die Amis kamen" nur wenig darüber bekannt. Und so wird durch Geschichtsinteressierte, Heimat- und Hobbyforscher, Chronisten und Archivare immer wieder die Frage gestellt, wann endlich ihre Region behandelt wird und welche Bücher als nächstes in dieser Reihe erscheinen. Dahinter steht nicht nur das Interesse an den Büchern, sondern auch die Suche nach Quellen. Denn wo soll man bei der Suche anfangen?

Nun bietet die Fachliteratur, die in diese Bücher eingeflossen ist, eine Unmenge an Informationen, mit denen es möglich wäre, selbst nach Antworten zu suchen, aber wer hat vollständigen Zugriff zu diesen Quellen und findet sich darin zurecht? Und wie in der Fülle des Materials das Wesentliche erkennen und zueinander in einen Zusammenhang bringen? Diese Fragen standen auch am Anfang der Forschungen zu dieser Reihe. Und natürlich die Frage, wie man das Ergebnis der Forschungen allgemeinverständlich darstellen kann.

Als erstes wuchs daraus die Erkenntnis, dass die übliche Betrachtung eines begrenzten regionalen Bereiches auf Grund der Besonderheiten der militärischen Strategie und Taktik nicht möglich ist, ohne dass der Leser dabei den Überblick verliert. Demzufolge wurde entschieden, die Darstellung der amerikanischen Besetzung in einzelne Abschnitte zu zerlegen, und zwar in die Vormarschstreifen der amerikanischen Corps, die den mitteldeutschen Raum von Nord nach Süd aufteilen. Damit ergibt sich die Möglichkeit einer linearen Betrachtung des Vormarsches von Westen nach Osten. Da es aus Gründen des Umfangs des Materials aber nicht möglich ist, alle Informationen zu einem Corps in einem Buch zusammenzufassen, erfolgt dann noch einmal die zeitliche und räumliche Untergliederung dieser Abschnitte, so dass sich eine vollständige Darstellung des Weges eines Corps in zwei bis vier Bücher ergibt. Dabei sind alle Bücher dieser Reihe so angelegt, dass sie innerhalb der Corps-Abschnitte aneinander anschließen und dennoch in sich abgeschlossen sind. Daher erfolgen auch in jedem Buch eine allgemeine Darstellung der Lageentwicklung und die übergreifende Darstellung der Ereignisse in den vorhergehenden und nachfolgenden sowie in den angrenzenden Nachbarabschnitten.

Im Rahmen dieser Vorgehensweise erfolgt so die Darstellung des Vormarschs des VII. und V. US Corps der 1st US Army und des XX. US Corps, VIII. US Corps und XII. US Corps der 3rd US Army an. Dabei überschreitet die Betrachtung der amerikanischen Besetzung des mitteldeutschen Raumes im Abschnitt des XII. US Corps im Süden die bayerische Landesgrenze und führt bis in das sächsisch-bayerisch-tschechische Grenzgebiet.

Ergänzend erfolgt auf Grund des großen Interesses ein Abhandlung über den Vormarsch des XIX. und XIII. US Corps der 9th US Army nördlich des Harzes bis zur Elbe, auf den zum Teil bereits in den Büchern zum Harz und zur Mulde eingegangen wurde. Auch die Thematik der amerikanischen Besatzungszeit und der Legenden und Mythen im Zusammenhang mit dem Kriegsende wird ein Thema weiterer Bücher sein.

Als zweites wurde klar, dass ein Hilfsinstrument geschaffen werden muss, um schnell und ohne umfangreiches Studium der Fachliteratur das für die jeweilige Region zu betrachtende Corps und das damit verbundene Buch dieser Reihe zu finden. So entstand die Idee für dieses Begleitbuch, das einen allgemeinen Überblick über den Vormarsch der amerikanischen Truppen in Mitteldeutschland und die, damit verbundenen, Kampfhandlungen geben soll. Einen Überblick in Form einer Kurzchronologie auf der Basis der, von Mary H. Williams für die amerikanischen Streitkräfte geschaffenen, Chronologie, ergänzt durch weitere deutsche und amerikanische Quellen. Dabei wurde bewusst auf die Darstellung des sowjetischen Vormarschs von Osten in den mitteldeutschen Raum verzichtet, da dies nicht Inhalt dieser Dokumentation ist. Selbstverständlich finden sich die Schnittstellen aber in den betreffenden Büchern der Reihe wieder.

Zusätzlich zu den chronologischen Darstellungen beinhaltet das Buch eine Vielzahl von Übersichten, die einen Überblick über die Gliederung der beteiligten Armeen, deren Strukturen und Dienstgrade geben. Und für alle die, die bisher beklagt haben, dass sie auf Grund der Vielzahl an Abkürzungen in den Büchern ständig hin und her blättern müssen, enthält das Begleitbuch noch einmal eine Übersicht der wichtigsten Abkürzungen, auf die man beim Studium der Bücher zurückgreifen kann. Somit ist dieses Begleitbuch hoffentlich ein nützliches Hilfsinstrument für jedermann.

Für Fragen, Ergänzungen, Hinweise und Korrekturen wenden Sie sich bitte an:

Jürgen Möller
E-Mail: juemoehistory@yahoo.de
oder
Verlag Rockstuhl Bad Langensalza

* * *

2. Die allgemeine militärische Lageentwicklung in Mitteldeutschland im April/Mai 1945

Ende März 1945 liegt das Dritte Reich in seinen letzten Zügen. Im Osten beginnen die russischen Verbände mit dem Sprung aus den eroberten Oder-Brückenköpfen Richtung Berlin. Im Westen haben die Alliierten nach der Überschreitung des Rheins mit dem Stoß ins Herz des Reiches begonnen. Am 23. März 1945 beginnen die 21st (brit.) Army Group mit ihrem Großangriff am Niederrhein und die Truppen der 2nd brit. Army und der 9th US Army beginnen mit der Einschließung des Ruhrgebietes von Norden. Südlich des Abschnittes der 9th US Army drängen die Kräfte der 1st US Army der 12th US Army Group im Siegerland gegen den Südrand des Ruhrgebietes.

Am 28. März 1945 fällt die Entscheidung des Oberkommandos der westalliierten Streitkräfte unter Dwight D. Eisenhower über die Fortsetzung der Gesamtoffensive westlich des Rheins. Strategisches Ziel ist es, nach der Zerschlagung des Ruhrkessels mit der 12th US Army Group unter General Omar N. Bradley im Zentrum den Hauptstoß über Kassel und Erfurt auf Leipzig und weiter nach Dresden zu führen, das Reichsgebiet in zwei Teile zu spalten und das wichtige mitteldeutsche Industriegebiet Halle – Merseburg – Leipzig zu besetzen. Das Endziel Dresden wird später korrigiert und als Haltelinie für den Vorstoß die Mulde-Linie festgelegt. Die im Norden angreifende 21st (brit.) Army Group des Field Marshal Bernhard Law Montgomery soll bis zu den norddeutschen Häfen vordringen und die 6th US Army Group soll nach Süddeutschland vorstoßen und im Donautal den Kontakt zu den Russen herstellen.

Diese Entscheidung fällt gegen massiven Widerstand der Briten, die Eisenhowers Strategie in Frage stellen. Der britische Field Marshal Brooke wirft Eisenhower die „planmäßige Verzettelung“ seiner Kräfte vor. Hintergrund sind die britischen Befürchtungen, dass die angloamerikanischen Verbände bei der Zerschlagung des „Ruhrkessels“ zu lange gebunden sein würden. Sie plädieren für einen starken Vorstoß auf der gesamten Frontbreite und einem gezielten Angriff von Kräften Montgomery's auf Berlin. Churchill ist sich sicher, Berlin vor den Russen zu erreichen. Ungeachtet der Vereinbarungen erhofft er sich, Berlin als Faustpfand für zukünftige Verhandlungen mit Stalin einsetzen zu können.

Eisenhower hingegen ist gegen die Einnahme von Berlin. Als kühl kalkulierender Militär ist er sich des Preises für die Einnahme der Hauptstadt des Deutschen

Reiches bewusst. Dabei orientiert er sich an seinem erfahrenen Heerführer Omar Bradley, den er selbst als *„größten Frontbefehlshaber, dem ich in diesem Krieg begegnet bin"* bezeichnete. Dieser hatte die möglichen Verluste mit 100 000 Mann beziffert. Bradley schreibt in seinem Buch *"A soldier's story of the Allied Campaigns from Tunis to the Elbe": „Ein ganz schön hoher Preis für ein Prestigeziel."* Dass seine Schätzungen durchaus berechtigt sind, zeigt sich daran, dass die Rote Armee beim Sturm auf Berlin über 100.000 Tote hinnehmen muss. Und auch, wenn Stalin den Angloamerikanern vorwirft, dass *„sich ihnen ganze Großstädte kampflos ergaben, während an der Ostfront um jede Bahnstation gerungen würde"*, so ist es falsch anzunehmen, dass die Deutschen ihre Hauptstadt kampflos aufgegeben würden. Hinzu kommt, dass sich die Russen zu diesem Zeitpunkt näher an Berlin befanden als die Westalliierten.

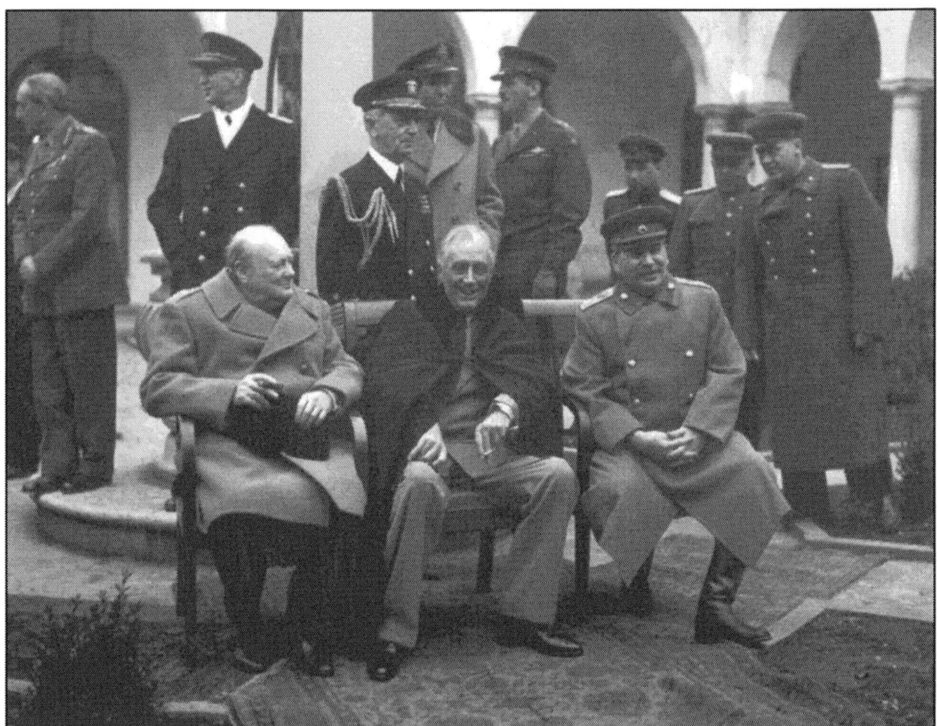

Winston S. Churchill, Franklin D. Roosevelt und Josef Stalin auf der Konferenz von Jalta im Februar 1945 Foto: National Archives, 111-SC-260486

Eisenhower wird in seiner Entscheidung durch General Marshall als Vertreter der Combined Chiefs of Staff gestärkt. In dieser Phase schaltet sich Roosevelt in die Debatte ein und erteilt dem britischen Premier Churchill das letzte Mal eine Absage zu dessen Plänen. Roosevelt will ein gemeinsames Vorgehen mit den Russen. Churchill muss klein beigeben. Montgomery erhält den Befehl, nicht in Richtung Berlin anzugreifen. Alle weiteren Entscheidungen Eisenhowers wurden von dieser Entscheidung geprägt. Ab jetzt agiert nicht mehr der Politiker, sondern der Militär Eisenhower. Und für den ist das Ziel klar – Die vollständige Zerschlagung der Wehrmacht. Dem ordnet er die militärischen Planungen unter. Ihm ist klar – der Feind muss zerschlagen werden, wo er angetroffen wird. Als Feldherr weiß er aber, dass er die Kampfmoral seiner Truppen und die Entschlossenheit seiner militärischen Führer nur aufrechterhalten kann, indem er ihnen mit dem Siegeslorbeer winkt. Und der ist nun einmal Berlin. Deshalb ist er sich mit Bradley einig, dass selbst seine Armeeoberbefehlshaber nicht erfahren dürfen, dass Berlin nicht mehr als Ziel in Frage kommt.

Bradley, dessen Armeen die Hauptaufgabe bei dieser letzten Offensive zukommt, war für diesen Auftrag nicht ohne Grund ausgewählt worden. Neben der Würdigung seiner bisherigen Leistungen sind sich Eisenhower und Marshall sicher, dass Bradley der einzig richtige und vor allem loyale Mann dafür ist. Die Amerikaner würden nicht glücklich sein, wenn man Montgomery diese Aufgabe gegeben hätte, denn der würde jede Möglichkeit, Berlin zu nehmen, mit Sicherheit nutzen und die Briten würden dann den ungewollten Ruhm einstreichen. Während hinter der Bühne die politischen Rangeleien über Macht und Nachkriegsordnung weitergehen, beginnt die letzte große Offensive im Westen.

Die, auf breiter Front geführte, alliierte Großoffensive im Westen zerreißt die ohnehin schwache deutsche Westfront auf ihrer gesamten Breite. Nach dem Übergang der Alliierten über den Rhein bei Wesel am 23. März 1945 wird im Norden die H.Gr. H im Zentrum aufgespalten. Durch die entstandene Lücke schiebt sich die 9th US Army auf den Nordrand des Ruhrgebietes und in Richtung Teutoburger Wald vor, während die 2nd (brit.) Army nach Norden drückt. Bei der H.Gr. B, die entlang der Rhein-Linie zwischen Düsseldorf und Koblenz steht, stößt die 1st US Army aus dem Brückenkopf bei Remagen, südlich von Bonn, mit Beginn der Großoffensive durch das Siegerland nach Nordosten vor. Wie eine gewaltige Zange umfasst die 9th und 1st US Army das Ruhrgebiet. Am 1. April 1945 treffen sich die Spitzen der 9th und 1st US Army südlich von Lippstadt, die H.Gr. B ist *„zwischen Rhein, Ruhr und Sieg“*[1] eingekesselt. Auch die Front der südlich anschließenden H.Gr. G wird an mehreren Stellen durchbrochen. General Patton’s 3rd US

Army stößt über Frankfurt/Main Richtung Kassel und in Richtung Thüringen. Der Stoß dehnt die entstandene Lücke zwischen der H.Gr. B und G weiter aus.

Vorne: William H. Simpson, George S. Patton, Carl A. Spaatz, Dwight D. Eisenhower, Omar Bradley, Courtney H. Hodges, Leonard T. Gerow
Hinten: Ralph F. Stearley, Hoyt Vandenberg, Walter Bedell Smith, Otto P. Weyland, Richard E. Nugent
Foto: National Archives, ARC Identifier 535983

Die deutsche Westfront befindet sich damit Ende März 1945 in der Auflösung. Insbesondere die Einkesselung der H.Gr. B reißt eine riesige Lücke in die deutsche Front, durch welche die amerikanischen Verbände nunmehr fast ungehindert in den mitteldeutschen Raum hineinströmen. Dem hat das deutsche Oberkommando nur noch wenig entgegenzusetzen. Lediglich Adolf Hitler ist nach wie vor der Überzeugung, dass das Halten der Front für einen Zeitraum von drei bis vier Wochen reichen wird, um die neuen Strahlenjäger zum Einsatz zu bringen und damit die Situation zu Gunsten des Reiches zu verändern.[2] Wunderwaffen und neue Armeen sollen das Deutsche Reich retten. Doch selbst der Hauptpropagandist des Deutschen Reiches, Joseph Goebbels, hatte bereits am 8. März 1945 in sein Tagebuch geschrieben: „*Den feindlichen Luftarmaden haben wir nichts Nennenswertes entgegenzusetzen.*"[3]

Am 1. April 1945 treffen sich die Verbände der 1st US Army mit den Truppen der 9th US Army im Raum zwischen Bielefeld und Paderborn. Die Reste der H.Gr. B mit der 15. Armee und der 5. Panzerarmee sind im „Ruhrkessel" eingeschlossen.

Am gleichen Tag erreicht die, aus dem Rhein-Main-Gebiet vorstoßende, 3rd US Army thüringischen Boden. Während die Kräfte der 1st US Army bis zum 4. April 1945 bei den Kämpfen um den „Ruhrkessel" gebunden sind, entwickelt die 3rd US Army ihre Offensive weiter in Richtung Osten.

Das XX. US Corps beendet die Einnahme von Kassel und erreicht mit seinen Angriffsspitzen Mühlhausen. Das VIII. US Corps, welches aus dem Raum westlich von Frankfurt/M. herangeführt wurde, beginnt mit seinem Angriff durch das XX. und XII. US Corps hindurch nach Osten. Dabei werden Teile des XII. US Corps unter das Kommando des VIII. US Corps gestellt. Das XII. US Corps setzt seinen Vormarsch Richtung Kamm des Thüringer Waldes fort. Dann erhält Patton den Haltebefehl. Er soll warten, bis die 1st US Army den „Ruhrkessel" liquidiert hat. Die Gefahr eines deutschen Gegenstoßes in die offenen Flanken der 3rd US Army ist zu groß. Insbesondere die im Harz in der Neuaufstellung befindliche 11. deutsche Armee ist für die alliierte Militärführung eine unkalkulierbare Gefahr.

Der Angriff der 3rd US Army endet damit genau an dem Tag, an dem die Großoffensive der 12th AGr offiziell beginnt. Trotz aller Risiken hatte sie Bradley vom 14. April auf den 4. April 1945 vorverlegt, um den, entlang der gesamten Westfront in Schwung geratenen, alliierten Vormarsch nicht zu bremsen. Am gleichen Tag wird Lt. Gen. William H. „Simps" Simpson's 9th US Army aus der 21st (brit.) AGr herausgelöst und Bradley's 12th AGr unterstellt. Bradley verfügt jetzt über, wie Williams in „The last offensive" schreibt, die *„größte amerikanische Streitkraft unter seinem Kommando"*. Die 12th AGr verfügt nunmehr über insgesamt vier Armeen, zwölf Corps und 48 Divisionen mit 1,3 Millionen Mann. Und Bradley lässt sie, wie er später schreibt *„größtenteils ohne Leine laufen"*. Seinen Armeen werden lediglich die Ziele vorgegeben. Die 9th US Army soll über Hannover und Magdeburg zur Elbe zwischen Dessau und Wittenberge angreifen und sich bereithalten, *„den Angriff in Richtung Berlin oder nach Nordosten fortzusetzen"*[4], die 1st US Army über Halle und Leipzig auf Dresden und die 3rd US Army soll nach dem Aufschließen der Nachbarn den Angriff über Erfurt und Weimar nach Chemnitz fortsetzen. Keiner, seiner drei Feldherrn weiß, dass sie die Endziele nie erreichen würden und nie erreichen sollen.

Am 6. April 1945 hat die 3rd US Army die Haltelinie der 12th Army Group auf der Linie Mühlhausen – Langensalza – Gotha – Oberhof erreicht. Erst am 8. April 1945 erreichen die Corps der 1st US Army nach der Beendigung ihres Auftrages zur Bekämpfung des Ruhrkessels die südwestlichen Harzränder und das Eichsfeld und am 10. April 1945 haben sie die Ausgangslinie für den letzten großen Stoß nach Osten erreicht. Das XIX. US Corps der 9th US Army, das in den Raum nördlich des Harzes vordringt, erhält den Befehl, den Angriff in Richtung Elbe aufzunehmen. Am 11. April 1945 beginnt auf der ganzen Frontbreite der Großangriff zur alliierten Haltelinie entlang der Elbe und Mulde.

Wer aber stellt sich dieser übermächtigen Streitmacht entgegen? Der Gen.d.Inf. Friedrich Schulz beschreibt die Situation für den Abschnitt der H.Gr. G so:

„In dieser Front zwischen Harz und Oberrhein waren zahlreiche Lücken in der Besatzung vorhanden. So waren in dem Raum zwischen Harz und Gotha so gut wie keine eigenen Truppen. Die zahlreichen Divisionen, die in der Lagekarte von Hitler eingezeichnet waren, waren wohl ihrer Nummer nach vorhanden. (–) Die Kampfstärke dieser Divisionen war nicht höher als die eines Bataillons, teilweise waren nur noch die Stäbe vorhanden. (–). Der Volkssturm war kaum ernst zunehmen für die Kampftruppe. Für den Kampf mit einem modern ausgestatteten Gegner völlig unzureichend bewaffnet (meist nur mit Gewehren mit wenig Munition), überaltert und ohne Kampferfahrung, wodurch er für die Kampftruppe oft eine Belastung, wenn nicht eine Gefahr war. (–). Die Front entbehrte jeder Tiefe. Reserven der mittleren und oberen Führung waren nicht mehr vorhanden und auch nicht zu erwarten. (–) Die Zahl der noch verfügbaren Panzer und Sturmgeschütze fiel gegenüber der feindlichen Panzerüberlegenheit überhaupt nicht ins Gewicht. Außerdem waren sie infolge Spritmangel örtlich gebunden und konnten nicht an andere Frontabschnitte verschoben werden. Die eigne Luftwaffe trat fast gar nicht mehr in Erscheinung.“[5]

In dieser Situation erteilt das Oberkommando der Wehrmacht den Befehl zur Neuaufstellung der 11. Armee im Raum zwischen Weser und Harz und der 12. Armee im Raum Fläming – Dessau – Wittenberg – Halle – Merseburg. Sie sollen die Lücke in der Front schließen und die deutschen Truppen im „Ruhrkessel“ durch einen Gegenstoß entsetzen. Während der Gen.d.Pz.Tr. Walter Wenck nach der Genesung von einem Autounfall direkt durch den Führer beauftragt wird, aus den letzten deutschen Reserven, Ausbildungseinheiten der Kriegsschulen, RAD-Einheiten und Hitlerjungen, einen neuen Großverband, die 12. Armee, zu bilden, erfolgt die Aufstellung der 11. Armee aus den Resten der, dem „Ruhrkessel“ entkommenen, Einheiten der 15. Armee und Ersatzeinheiten der W.Kr. IX Kassel und VI Münster.

Da es der H.Gr. G unter SS-Obstgruf. und Gen.Obst. d. Waffen-SS Paul Hausser nicht gelingt, den Kontakt mit der neugebildeten 11. Armee im Raum zwischen Weser und Harz Kontakt herzustellen, um sie seinem Kommando zu unterstellen und auch kein Kontakt zum OB West, GFM Kesselring, der am Vortag seinen Gefechtsstand im Schloss Reinhardsbrunn bei Friedrichroda eingerichtet hatte, zustande kommt, erfolgt am 2. April 1945 die Ablösung des Chefs des Stabes der H.Gr. G, Gen.Lt. Helmut Staedke, und am 4. April 1945 wird auch SS-Obstgruf. und Gen.Obst. d. Waffen-SS Paul Hausser abgelöst. Am 5. April 1945 übernimmt Gen.d.Inf. Friedrich Schulz nach einer, am 2. April 1945 in der Reichskanzlei erfolgten, persönlichen Lageeinweisung durch den Führer im Hauptquartier der H.Gr. G in Liebenau bei Waldenbuch das Kommando über die H.Gr. G.

Als die 3rd US Army Anfang April thüringischen Boden betritt, stehen ihr anfangs nur schwache Verbände der 7. Armee der H.Gr. G zwischen Eisenach und Schweinfurt/Unterfranken gegenüber. Bis Ende März 1945 haben die, vor den anstürmenden amerikanischen Verbänden zurückweichenden, Reste der 7. Armee die hessisch-thüringische Landesgrenze erreicht. Die Masse ihrer Kräfte werden im Raum Frankfurt/Main eingekesselt. Der Stab des Stellv. XII. AK W.Kr. Wiesbaden entkommt dem Kessel einsatzbereit, dem Stab des LXXXV. AK gelingt die Flucht lediglich zu Fuß. Von der 7. Armee erhält Gen.d.Pz.Tr. Frhr. Smilo v. Lüttwitz den Auftrag, aus dem Rest des LXXXV. AK im Raum Eisenach das Korps neu aufzustellen. Ab dem 1. April 1945 übernimmt er den Befehl über den Werra-Abschnitt beiderseits von Eisenach mit dem Schwerpunkt entlang der RAB 4. Das Stellv. XII. AK W.Kr. Wiesbaden steht am Abend des 31. März 1945 auf der Linie Fulda – Hünfeld – Vacha und hat dort losen Anschluss zum LXXXV. AK. Der Auftrag der beiden Korps ist es, den Thüringer Wald um jeden Preis halten, denn dort befinden sich die für die Oberste Deutsche Führung wichtigen Rüstungszentren Suhl und Zella-Mehlis. Am linken Flügel der 7. Armee hält das LXXXII. AK den Abschnitt von Bad Neustadt a.d. Saale über Schweinfurt bis Volkach am Main. Sein Auftrag ist es, den Raum Schweinfurt unbedingt zu halten, um die dortige deutsche Kugellagerproduktion zu sichern.

Am rechten Flügel der 7. Armee ist mit der Organisation der Abwehrfront im Raum Mühlhausen – Gotha Gen.Lt. Horst Frhr. v. Uckermann mit Gefechtsstand in Süßenborn bei Weimar beauftragt. Uckermann führt seit Ende März 1945 das Kommando über zwei Divisionsgruppen und hatte bereits mit Ausbildungseinheiten die Verteidigung nach Osten an der Saale vorbereitet. Diese Kräfte drehen nun ihre Front nach Westen auf die Linie Schlotheim – Langensalza – Gotha. Die schwachen Sicherungen der als Korps.Gr. Uckermann bezeichneten Kräfte können im Zusammenwirken mit dem LXXXV. AK das Vordringen der Amerikaner in den Raum Mühlhausen – Gotha jedoch nur kurzzeitig an der Werra-Linie verzögern, aber nicht verhindern.

Die rückwärtige Begrenzung des Raumes der 7. Armee bildet der Abschnitt der Saale-Verteidigung des „Befehlshabers Thüringen Ost“, Gen.Obst. a.D. Hermann Hoth, der nordöstlich von Weißenfels beginnt und entlang der Saale bis zur thüringisch-fränkischen Landesgrenze verläuft. Er besteht aus Garnisonstruppen und Volkssturmeinheiten.

Nördlich der Linie Mühlhausen – Heldrungen – Querfurt schließt sich ab dem 4. April 1945 die 11. Armee mit seinem LXVII. AK an die 7. Armee an. Die Armee, die bis zum Eintreffen von Gen.d.Art. Walther Lucht am 8. April 1945 von Gen.d.Inf. Otto Hitzfeld geführt wird, verfügt über die Kräfte des LXVI. und LXVII. AK und des Stellv. IX. AK W.Kr. Kassel. Am 6. April 1945 werden ihr auch die Kräfte des Stellv. VI. AK W.Kr. Münster unterstellt.

Südlich, an den Abschnitt der 7. Armee angrenzend, befindet sich der Abschnitt der 1. Armee des Gen.d.Inf. Hermann Foertsch mit dem XIII. SS-AK, dem XIII. AK, dem XC. AK und den Truppen des W.Kr. XIII Nürnberg im Raum zwischen Würzburg und Heilbronn.

Im Rücken der 7. Armee stehen an der Elster-Linie zwischen Zeitz und Gera und an der Mulde-Linie die Kräfte das Stellv. Gen.Kdo IV. AK W.Kr. Dresden mit dem Führungsstab in Nöthnitz, südlich Dresden, unter dem Kommando von Gen.d.Pz.Tr. Walter Krüger.

Am 9. April 1945 übernimmt der OB West, GFM Kesselring, die direkte Führung der 19. Armee, die in Baden-Württemberg steht. Außerdem wird ihm die 11. Armee und wenige Tage später die, in der Aufstellung befindliche, 12. Armee direkt unterstellt.

Bis zum 10. April 1945 weichen die Kräfte der 7. Armee unter dem Druck der amerikanischen Verbände nach Osten zurück. Das LXXXII. AK, das mit dem Schwerpunkt im Raum Schweinfurt steht, erhält nach der Überflügelung im Norden nicht die Erlaubnis zum Rückzug und wird am 9. April 1945 der 1. Armee unterstellt. Das Gen.Kdo XC. AK, welches am 6. April 1945 auf Befehl der H.Gr. G aus der 1. Armee herausgelöst wurde, wird der 7. Armee in den Raum Weimar zugeführt. Am 10. April 1945 wechselt die 7. Armee von der Unterstellung unter die H.Gr. G unter die direkte Befehlsgewalt des OB West.

Als am 11. April 1945 der amerikanische Großangriff beginnt, trifft auf dem Gefechtstand des AOK 11 im Harz, wohin deren Verbände bis zu diesem Zeitpunkt fast vollständig zurückgedrängt wurden, der Befehl des OB West ein, dass sich erste Verbände der 12. Armee auf dem Transport in den Harz befinden, um von dort aus den Feind nach Westen zurückzuwerfen. Aber nur einige Verbände erreichen den Harz, bevor der amerikanische Angriff den Großteil der neuaufgestellten Verbände in ihren Aufstellungsräumen bindet. Der Befehl für den Gegenangriff wird kurz darauf aufgehoben.

Hinter dem Abschnitt der 11. Armee, entlang der Saale-Linie von Halle über Merseburg bis nördlich von Weißenfels, liegt ab dem 12. April 1945 der Abschnitt des XXXXVIII. PzK der 12. Armee. Das Korps ist zu diesem Zeitpunkt das einzige von vier vorgesehenen Gen.Kdo's, das zur Verfügung steht. Der Korpsstab, der erst am Abend des 10. April 1945 von Görlitz gekommen war, übernimmt von Graditz, vier Kilometer südostwärts von Torgau, aus das Kommando über den Abschnitt zwischen Halle und Riesa. Seine Hauptfeuerkraft bilden die mehr als 1.000 Flakgeschütze aller Kaliber der 14. FlakDiv Leipzig und der 21. Flak.Brig. Bad Lauchstädt. Sie bilden den bei den alliierten Bomberpiloten als „Flakhölle" bezeichneten berüchtigten Flakgürtel um die Industriezentren Bitterfeld – Halle – Schkopau – Merseburg – Leuna – Böhlen – Leipzig. Dieser Gürtel zieht sich mit dem Zentrum Leipzig von Bitterfeld über Halle – Merseburg – Weißenfels – Zeitz bis Borna. Das Zentrum der Verteidigung bildet die Eisenbahnstrecke Halle – Weißenfels. Weiterhin unterstehen dem XXXXVIII. PzK der K.Kdt. Halle und der K.Kdt. Leipzig.

Als Hauptverteidigungslinie erfolgt der Ausbau der Stellungen an der Mulde und Elbe. Hierzu wird der Kampfabschnitt Mulde dem Korpsartilleriekommandeur Oberst Köhler unterstellt und der Kampfabschnitt Elbe dem Höheren Pionierkommandeur Torgau, Gen.Maj. Hermann. Der Kampfabschnitt Mulde mit dem Gefechtsstand in Schildau verfügt über die Ersatztruppen der Standorte Delitzsch, Düben, Eilenburg, Grimma und Schildau. Diese Truppen haben am Ostufer der Mulde mit dem Ausbau der Verteidigung begonnen und verfügen bei Eilenburg über einen Brückenkopf am Westufer. Der Kampfabschnitt Elbe mit Gefechtsstand. in Torgau verfügt über Ersatztruppen in Torgau und Riesa. Seine Truppen beginnen jetzt mit dem Ausbau der Verteidigung nach Westen. Die Standorte Grimma, Oschatz und Wurzen werden außerdem angewiesen, sich auf eine

Verteidigung nach Süden hin einzurichten. Die rückwärtige Grenze des Korpsraumes bildet die Schwarze Elster, deren Orte ebenfalls zum Korps gehören. Hauptaufgabe dieser völlig irreführend als Panzerkorps bezeichneten Gruppierung ist es, durch die starke Verteidigung des Südabschnittes des Korps, die linke Flanke der 12. Armee unter allen Umständen zu schützen. Die Bezeichnung dürfte wohl lediglich propagandistischen Zwecken dienen, denn über Panzertruppen verfügt dieses Korps nicht.[6]

Als zweiter Korpsstab der 12. Armee übernimmt ab dem 15. April 1945 das XX. AK. Das XXXIX. PzK, das am 10. April 1945 aus der Front herausgelöst wurde und der 12. Armee zugeführt werden sollte, wird am 12. April dem OKW direkt unterstellt.[7] Erst am 21. April 1945 wird es der 12. Armee im Raum Lauenburg unterstellt.[8] Ähnlich geht es dem XXXXI. PzK, bei dem sich der Korpsstab am 15. April 1945 im Waldlager Hohenferchesa bei Brandenburg versammelt. Es wird bis zum 21. April 1945 der H.Gr. Weichsel unterstellt. Erst am 22. April 1945 geht das Korps zum AOK 12.[9] Die Kräfte des K.Kdt. Magdeburg, Gen.Lt. Raegener, die im Abschnitt des AOK Blumentritt liegen und dem Festungsbereich Ost und dem OKW direkt unterstehen, werden am 13. April 1945 auf Antrag des AOK 12 durch den WFSt der 12. Armee unterstellt.[10] Ab jetzt übernimmt das AOK 12 mit Gefechtstand in der Pionierschule in Dessau-Roßlau die Kampfführung im mitteldeutschen Raum entlang der Elbe-Saale-Linie von Magdeburg über Barby und Halle bis nördlich Weißenfels.[11]

In Süßenborn bei Weimar übernimmt am 12. April 1945 das frisch eingetroffene Gen.Kdo. XC. AK unter Gen.d.Inf. Erich Petersen das Kommando über die Reste der Korps.Gr. Uckermann der 7. Armee. Dem Gen.Kdo. gelingt es jedoch in den folgenden Tagen nicht, Einfluss auf die Lageentwicklung zu gewinnen. Die im Raum Erfurt – Weimar kämpfenden Kräfte erhalten den Rückzugsbefehl und weichen hinter die Saale aus. Nach der Eingliederung der im Abschnitt befindlichen Truppen der Saale-Verteidigung übernimmt das XC. AK die Verantwortung für den nordöstlich von Weißenfels beginnenden Abschnitt, der über Naumburg und Camburg bis südlich von Jena verläuft.

Beim LXVII. AK der 11. Armee werden die, südlich des Harzes stehenden, Teile des Korps überrannt und weichen zu den Südharzrändern aus. Südlich der Linie Bad Kissingen – Kulmbach – Mitterteich zieht sich im Bereich der 1. Armee das LXXXII. AK unter anhaltendem Druck der angreifenden amerikanischen Truppen durch die Fränkische Schweiz nach Südosten zurück. Das südlich angrenzende Stellv. XIII. AK W.Kr. Nürnberg wird dem OB West direkt unterstellt.

Am 13. April 1945 wird das LXVII.AK der 11. Armee endgültig in zwei Hälften gespalten. Die südliche Hälfte wird im freien Gelände überrannt, die nördliche in den Harz gedrängt. Somit ist die Trennung der 11. und 7. Armee endgültig vollzogen, die Einkesselung des Harzes hat begonnen.

Am 14. April 1945 beginnt der Angriff des VII. US Corps der 1st US Army zur Einnahme von Halle, das von den schwachen Kräften des K.Kdt. Halle verteidigt wird. Bei der 11. Armee im Harz zwingt der Einbruch der amerikanischen Truppen von Süden her in den Ostharz Richtung Harzgerode – Ballenstedt und der gleichzeitige Vorstoß Richtung Stiege – Güntersberge das LXVII. AK seine letzten Kräfte umzugruppieren und die Verteidigung nach Osten zu drehen. Auf Grund dieser Lageentwicklung befiehlt das AOK 11 dem Korps, die Befehlsführung über den Ostabschnitt der Harzfront zu übernehmen.[12]

Am 15. April 1945 präzisiert der Oberkommandierende der alliierten Streitkräfte, General Eisenhower, auf Grundlage der Lageentwicklung die Aufträge seiner Army Groups. Während die 1st und 9th US Army weiter entlang der alliierten Haltelinie an der Elbe und Mulde aufschließen und Verteidigungsstellungen einnehmen sollen, um auf die Russen zu warten, soll die 3rd US Army nach Süden schwenken und mit einem Stoß zur Donau vorrücken. Der Versuch des CG der 9th US Army, General Simpson, die Genehmigung für die Fortsetzung des Angriffs seiner Armee über Potsdam nach Berlin zu erhalten, scheitert an Eisenhowers kategorischem „Nein".

Eine Kampfgruppe des Kampfabschnitts Mulde unter Oberst Köhler des XXXXVIII. AK der 12. Armee stellt an diesem Tag südlich von Grimma erstmals Kontakt mit den aus Westen zurückgehendem XC. AK der 7. Armee her, deren Kräfte auf die Mulde ausweichen.[13] Das AOK 11 meldet die endgültige Einschließung der deutschen Truppen im Harz.

Am 16. April 1945 zieht sich im Abschnitt der 12. Armee in der Nacht der K.Kdt. Halle in den Südteil der Stadt zurück. Im Kampfabschnitt Mulde geht Grimma verloren. Die Kampfbesatzungen ziehen sich zurück. Das Gen.Kdo. XX. AK der 12. Armee übernimmt an diesem Tag die Führung des Abschnittes Dessau – Magdeburg.[14] Das, entlang der Linie Grimma – Riesa an die 12. Armee Wenck angrenzende, XC. AK der 7. Armee der H.Gr. G verfügt nur noch über Restkräfte, die sich hinter die Flüsse Mulde und Zschopau zurückziehen konnten, aber nicht mehr handlungsfähig sind. Der Stab des XC. AK verlegt auf Grund der Feindbedrohung in Richtung Erzgebirge.

Das Stellv. IV. AK W.Kr. Dresden, welches bisher im Abschnitt Pirna-Dresden-Meißen-Riesa mit Resten von Garnisonstruppen und Volkssturm nach Osten gesichert hat, wird der 7. Armee unterstellt und erhält den Befehl, gemeinsam mit dem XC. AK, auch nach Westen Verteidigungsstellungen zu beziehen. Die östliche H.K.L. gliedert sich in drei Abschnitte. Der Abschnittskommandant Pirna, Gen.Maj. Gerhard Müller, sichert den Abschnitt Bodenbach – Telschen – Pirna und hält den Brückenkopf Pirna. Der Abschnittskommandant Dresden, Gen.d.Inf. Werner Frhr. von und zu Gilsa, steht beiderseits von Dresden und hält den Brückenkopf Dresden. Nach Norden anschließend, befindet sich der Abschnittskommandant Meißen auf der Linie Meißen – ausschließlich Riesa und im Brückenkopf Meißen. Das Gen.Kdo. XC. AK erhält zusätzlich das Kommando über den Abschnitt des K.Kdt. Chemnitz.

Nach dem Verlust der Saale-Linie verlegt der Stab von Gen.Obst. Hoth an den Nordrand des Erzgebirges und übernimmt die Funktion des „Befehlshabers Erzgebirge". Im Westerzgebirge befindet sich zu diesem Zeitpunkt auch die K.Gr. Gen.Lt. Dr. Fritz Benicke der H.Gr. Mitte, die den Rücken der H.Gr Mitte nach Norden sichern und die tschechische Grenze nach Westen sperren soll. Das Stellv. XIII. AK W.Kr. Nürnberg wird der 7. Armee unterstellt.

Im Rücken der 7. und 12. Armee wird die aus Schlesien zurückweichende 4. deutsche PzArmee der H.Gr. Mitte unter dem Oberbefehl von Gen. Fritz-Herbert Gräser in den mitteldeutschen Raum gedrückt. Eine geschlossene deutsche Front im mitteldeutschen Raum existiert faktisch nur noch auf dem Karten des deutschen Generalstabs und in den Köpfen der militärischen und politischen Führung des Deutschen Reiches.

Während am 17. April 1945 im Abschnitt der 12. Armee Leipzig endgültig von amerikanischen Truppen eingeschlossen ist und sich Wencks Truppen auf die Mulde- und Elbelinie zur Verteidigung zurückgezogen haben, droht die Front zwischen Grimma und Erzgebirge bei einem weiteren Angriff der Amerikaner jederzeit auseinander zu reißen. Eine Verstärkung der H.K.L. ist nicht mehr möglich. Somit befinden sich die schwachen deutschen Truppen des XC. AK an Mulde und Zschopau mit der näher rückenden sowjetischen Front im Rücken in einer aussichtslosen Lage. Der Komm. Gen. des XC. AK, Gen.d.Inf. Petersen[15], hat längst jeden Kontakt zu den Teilen seines Korps zwischen Grimma und Mittweida verloren. Auch zum Stab der 7. Armee besteht keine Verbindung. Da sich die Lage der 7. Armee am Westrand des Erzgebirges ebenfalls weiter verschärft, befiehlt der Oberbefehlshaber der H.Gr. G, Gen.d.Inf. Friedrich Schulz, der 7. Armee eine

Umgliederung mit dem Ziel, unter Belassung schwacher Sicherungen des XC. AK an Mulde und Zschopau, die Front der Heeresgruppe im Abschnitt Chemnitz und weiter nordostwärts, entlang der Reichsautobahn Chemnitz – Dresden verlaufend, zu verstärken. Die verbliebenen Kräfte des Stellv. IV. AK W.Kr. Dresden der 7. Armee stehen entlang der Elbe und sichern nach Osten.

Am 18. April 1945 droht mit dem Absetzen der Reste des K.Kdt. Halle aus der Stadt und dem Beginn des Kampfes um Leipzig die vorgeschobenen Verteidigungslinie des XXXXVIII. PzK der 12. Armee zusammenzubrechen. Trotzdem erhält das Korps den Befehl der 12. Armee zum Aufbau einer Ostfront im Rücken des Korps an der Schwarzen Elster. Hierfür wird ihm Gen.Lt. Scherer vom PzAOK 4 mit Stab in Bad Liebenwerda unterstellt, dem auf Grund der wachsenden Gefahr aus Osten Truppen der Westverteidigung zugeteilt werden. Außerdem erhält er den Auftrag, auf der Line Ruhland - Herzberg, an der Schwarzen Elster, eine Auffanglinie für zurückgehende Truppen aus dem Osten aufzubauen. Das XXXXVIII. PzK gliedert sich jetzt in den Kampfabschnitt Mulde unter Oberst Köhler, den Kampfabschnitt Elbe unter Gen.Maj. Hermann, den Kampfabschnitt Schwarze Elster unter Gen.Lt. Scherer. Als Reserve des Korps fungiert die K.Gr. Halle unter Gen.Lt. Rathke bei Mockrehna.[16]

Am 19. April 1945 bricht die vorgeschobene Verteidigung des XXXXVIII. PzK der 12. Armee endgültig zusammen. General von Edelsheim schreibt später: *„Die hartnäckige Verteidigung der ‚Vorgeschobenen Stellung‘ des Halle-Saale-Abschnittes und Leipzig, hatte einen Zeitgewinn von etwa 6 Tagen eingebracht. Dies kam der Vorbereitung der Abwehr am Mulde-Abschnitt zugute. Leider waren die Verteidiger von Halle und Leipzig nicht zurückgekommen. Die Waffen und Soldaten fehlten bei den folgenden Kämpfen.“*[17]

Am 20. April 1945 erfolgt die Trennung der Befehlsgewalt über die Reichsverteidigung in OB Nordwest (Busch) und OB Südwest (Kesselring). Kesselring erhält den Befehl zur Verteidigung des letzten deutschen Refugiums, der sogenannten „Alpenfestung“. Nach seiner Einschätzung besteht ab jetzt die Hauptaufgabe der Westfront darin, den Ostarmeen den Rückzug zu ermöglichen.

Am gleichen Tag überschreitet sowjetische Gardekavallerie die Bahnlinie Riesa – Elsterwerda und sowjetische Truppen erreichen von Nordosten kommend die Schwarze Elster auf der Linie Herzberg – Elsterwerda. Die zurückweichenden Truppen der H.Gr. Mitte werden in die Abwehrlinien eingegliedert. In dieser Situation erhält das XX. AK der 12. Armee von General Wenck den Befehl, sich aus der Front zu lösen und gemäß dem Führerbefehl für den Angriff auf Berlin vorzubereiten. Hitler hatte der 12. Armee den Befehl zum Angriff gegen die vordringenden sowjetischen Truppen erteilt. *„Wenck, in ihre Hände lege ich das Schicksal Deutschlands.“*[18] Hierzu soll das XX. AK in den Raum Belzig, südwestlich von Potsdam, verlegen, der dem Befehlshaber W.Kr. III Berlin, Gen.d.Pio. Walter Kuntze, untersteht.

Den Schutz der entstehenden offenen Nordflanke der 12. Armee soll das XXXXVIII. PzK übernehmen. Es soll hierzu bei Wittenberg und Coswig die Schwarzen Elster überschreiten und Verteidigungsstellungen nach Norden beziehen. Zur Vorbereitung dieser Verschiebung wird die Verteidigung des Korps von der Schwarzen Elster auf die Elbelinie zurückgenommen und die Marschbereitschaft der Truppen hergestellt. Der Stab von Gen.Lt. Rathke wird in der Nacht vom 20./21. April von Mockrehna nach Möllendorf, nordwestlich von Wittenberg, verlegt, um dort die Kampfführung zu übernehmen. Der Korpsstab verlegt auf die Westseite der Elbe in den Raum Bad Schmiedeberg. Für die Mulde-Verteidigung bleibt der Stab von Oberst Köhler in Schildau verantwortlich. Die Elbverteidigung erfolgt im Abschnitt Süd unter Führung von Gen.Maj. Hermann und im Abschnitt Nord durch Gen.Lt. Scherer. Um 24.00 Uhr verlassen die ersten Truppen den Raum östlich von Grimma und marschieren nach Norden. Hitler ist überzeugt, dass Wencks Armee noch einmal die Wende im Kriegsverlauf bringt.[19]

Mit dem Schwenk des XXXXVIII. PzK nach Norden bricht der Kontakt zwischen der 7. und 12. Armee vollständig ab. Eine operative Zusammenarbeit ist nicht möglich. Im Abschnitt der 7. Armee war bereits vorher der Schwerpunkt der Verteidigung nach Westen verlegt worden, nachdem die H.Gr. G erkannt hatte, dass die amerikanischen Truppen an der Mulde ihren Vormarsch nach Osten angehalten haben. Durch die Truppenverlegungen im Abschnitt des XX. US Corps war der Eindruck entstanden, dass ein weiterer Angriff in Richtung der 12. Armee erfolgen soll.[20]

Das schwache XC. AK, in dessen Abschnitt Teile der H.Gr. Mitte bei ihrem Rückzug vor den sowjetischen Verbänden ausweichen, wird formell der H.Gr. Mitte unter GFM Ferdinand Schörner unterstellt.[21] Zu einer wirklichen Unterstellung unter die H.Gr. Mitte kommt es jedoch bis Kriegsende nicht. Der Komm.Gen. des XC. AK, Petersen, geht bis zur Kapitulation davon aus, dass er der 7. Armee untersteht.[22] Andere Quellen nennen den 3. Mai 1945 als Tag der Unterstellung des XC. AK unter die 4. PzArmee der H.Gr. Mitte. Erst später wird der deutschen Führung klar, dass der Hauptstoß der Amerikaner aus dem mitteldeutschen Raum nicht Richtung Berlin, sondern nach Südosten, Richtung Böhmen, zielt. In der Nacht erfolgt die Herauslösung des Stabes des LXXXV. AK und der Abschnitt wird an das XC. AK übergeben.

Im Harz erteilt das AOK 11 seinen eingekesselten Truppen angesichts der aussichtslosen Lage den Befehl zur Einstellung der Kämpfe. Der Stab bezieht den letzten Gefechtsstand südwestlich von Michaelstein.[23] Die verbliebenen deutschen Truppen empfangen kurz darauf den letzten Funkspruch des AOK 11: *„Wir schalten ab. Alles Gute.“* Mit der Einstellung des organisierten Widerstandes beginnt der Exodus der, auf engstem Raum zusammengedrängten, deutschen Truppen und Stäbe. Das Gen.Kdo. Stellv. VI. AK gibt am Abend völlig eingeschlossen das Kommando ab.[24] Gen.Lt. Flörke erteilt nach dem Empfang des letzten Funkspruchs des AOK 11 auf dem Gefechtsstand des LXVI. AK in der „Zeche Büchenberg“ bei Elbingerode seinen Männern die Genehmigung zum Absetzen. Gegen 10.00 Uhr ergeben sie sich der 8th US AD kampflos und treten den Weg in die Gefangenschaft an.[25] Der Stab des LXVII. AK geht bei Thale in Gefangenschaft. Angesichts der zusammengebrochenen Führung der Restverbände im Harz erteilt das OKW gemäß dem KTB des Führungsstabs Nord (A) noch am 20. April 1945 den Befehl, dass die 11. Armee dem AOK 12 unterstellt wird. Zum Tragen kommt dieser Befehl nicht mehr, denn die Verbindung zum Harz ist längst unterbrochen, eine Führung so nicht mehr möglich.

Am 21. April 1945 zieht sich das XX. AK der 12. Armee unter Zurücklassung von schwachen Sicherungen an der Mulde zwischen Dessau und Düben befehlsgemäß aus der Front zurück und übergibt den Abschnitt an das XXXXVIII. PzK. Dieses hat bereits in der Nacht zuvor, mit der ersatzlosen Herauslösung seines linken Flügels östlich von Grimma begonnen und diese Kräfte nach Norden in Marsch gesetzt.[26] Dadurch entsteht eine 40 Kilometer breite Lücke zum rechten Flügel des XC. AK. Gen.d.Inf. Petersen. Dieser erteilt noch in der Nacht den Befehl zur Bildung einer Frontlinie nach Norden.[27] Damit ist die Verbindung zwischen Russen und Amerikanern freigegeben. Auch die Elbe-Front wird aufgelockert und das XXXIX. PK wird nördlich von Magdeburg in Richtung Nauen in Marsch gesetzt. Lediglich die InfDiv „Scharnhorst“ verbleibt in ihren Stellungen. Der Gefechtsstand des AOK 12 verlegt auf Grund der unmittelbaren Feindbedrohung von Dessau-Roßlau in das Forsthaus „Alte Hölle“ bei Medewitzerhütten, nahe Wiesenburg im Fläming.

Das LXXXV. AK der 7. Armee übernimmt die Front nördlich von Eger (Cheb) bis Tirschenreuth vom Stellv. XII. AK. Der Stab des Stellv. XII. AK wird abgelöst und die Befehlsführung über die Erzgebirgsfront vom LXXXV. AK an das Stellv. XII. AK übergeben.

Am 22. April 1945 erhält das AOK 12 den Befehl des OKW/WFSt, den Angriffs des XXXIX. PzK einzustellen und das Korps in Vorbereitung auf den Angriff auf Berlin auf das Ostufer der Elbe zurückzuziehen. Alle Kräfte der Elbe-Verteidigung zwischen Dömitz und Magdeburg sind aus der Front herauszuziehen und in den Raum Nauen zu verlegen. Ihr Einsatz soll gemeinsam mit Teilen der H.Gr. Weichsel das weitere Vordringen der russischen Truppen über die Havel bei Spandau verhindern. Die Elbe-Verteidigung zwischen Magdeburg und Dessau sowie der Muldefront zwischen Dessau und Grimma ist aufzulockern und aus den freiwerdenden Kräften einer Angriffsgruppe für den Angriff aus dem Abschnitt Treuenbrietzen zur Zerschlagung des russischen Angriffs gegen Potsdam und den Südrand von Berlin zu bilden. Außerdem soll die Armee die Abwehrfront Riesa – Bad Liebenwerda – Schwarze Elster auf Kosten der Mulde-verteidigung verstärken, *„notfalls unter Aufgabe des Raumes zwischen Mulde und Elbe"*.[28] In der Nacht vom 22./23. April übermittelt GFM Keitel persönlich Wenck auf dessen Gefechtsstand im Forsthaus „Alte Hölle" bei Wiesenburg den Befehl Hitlers für den Entsatzangriff auf Berlin.[29]

Am 23. April 1945 billigt das OKW den Plan des AOK 12, mit dem XX. AK unter Entblößung der Westfront den Entsatzangriff auf Berlin zu führen und dem XX. AK hierfür die InfDiv „Körner", „Schill", „Scharnhorst" und „Hutten" zu unterstellen. Noch am gleichen Tag beginnt die schrittweise Herauslösung der InfDiv „Scharnhorst" und „Hutten" aus der Front.[30] Östlich von Dessau bleiben nur noch schwache Sicherungen der InfDiv „Hutten" am Ostufer der Mulde zurück. Der Stab des AOK 11 unter Gen. Lucht ergibt sich auf seinem letzten Gefechtsstand südwestlich von Michaelstein.[31]

Am 24. April 1945 wird das XC. AK mit dem Übergang sowjetischer Truppen über die Elbe an seiner Nordflanke bedroht. Nur mühsam gelingt es ihm, die Front mit schwachen Kräften zu besetzen und südlich von Riesa den Anschluss an die Elbe herzustellen. Dabei kommt es zum ersten Mal zum direkten Kontakt zwischen dem XC. AK und Kampfverbänden der H.Gr. Mitte. Ein deutscher Gegenstoß mit den Kräften des Stellv. IV. AK und Kräften des rückwärtigen Raumes der 4. PzArmee der H.Gr. Mitte schlägt die sowjetischen Verbände zurück.[32]

Am 25. April 1945 überquert das XXXXVIII. PzK der 12. Armee im Tagesverlauf mit den kampfkräftigen Teilen die Elbe bei Coswig und Griebo mit Fähren und bezieht Verteidigungsstellung nach Osten. In der Zwischenzeit erreicht der sowjetische Vorstoß die Elbe-Linie zwischen Wittenberg, Torgau und Riesa.

Auch zwischen Riesa und Meißen überschreiten die sowjetischen Stoßtruppen den Fluss.[33] Damit vergrößert sich die Lücke zwischen der 12. und 7. Armee weiter.

Während am Morgen des 26. April der „letzte deutsche Gegenangriff des Krieges", den Wenck als „Rettungswerk" für die Reste der 9. Armee, der Verwundeten in den Lazaretten und der Flüchtlinge bezeichnet, in Richtung Potsdam beginnt, bricht im Abschnitt des XXXXVIII. PzK die Verteidigung nach Westen vollständig zusammen.[34] Der Brückenkopf bei Coswig/Anhalt wird unter Halten der Stadt aufgegeben.[35] Wittenberg wird von den sowjetischen Truppen besetzt.

Symbolisches Treffen von 2nd Lt. William Robertson, 69th US InfDiv, und Lt. Alexander Sylvashko am 27. April 1945 nahe Torgau Foto: Signal Photo Corps, National Archives, 111-SC-205228l

Die 7. Armee wird dem OB Südwest, GFM Kesselring, direkt unterstellt. Das LXXXV. AK wird der H.Gr. G unterstellt und erhält den Auftrag, eine neue Front zwischen Winterberg im Böhmerwald (einschl.) und der Donau bei Passau (ausschl.) nach Nordwesten aufzubauen, den Stoß des Gegners aufzufangen und den Rücken der deutschen Truppen in Österreich zu decken.

Am 29. April 1945 übernimmt der OB Südwest die Führung der Armeen der H.Gr. G und Gen.d.Inf. Schulz erhält den Befehl zur Übernahme der H.Gr. Italien. Am Abend erteilt der OB Südwest den Befehl zur Auflösung der H.Gr. G, welche in der Nacht vollzogen wird.

Am 2. Mai 1945, beginnt an allen Frontabschnitten die *„stückweise Kapitulation"* der Deutschen Wehrmacht.[36] Am 4. Mai 1945 erfolgt um 18.30 Uhr die Unterzeichnung der Teilkapitulation des Nordwestdeutschen Raumes durch Admiral Hans-Georg von Friedeburg. Die Kapitulation tritt am 5. Mai ab 08.00 Uhr in Kraft. Im Rathaus von Stendal erfolgen am Vormittag die Übergabeverhandlungen zwischen der 12. Armee und der 9th US Army. Im Rahmen der Verhandlungen lehnen die Amerikaner im Hinblick auf die alliierten Abkommen eine förmliche Kapitulation der 12. Armee ab, da sich diese jenseits der Demarkationslinie befindet.

Am 7. Mai 1945, 01.41 Uhr mitteleuropäischer Zeit, unterzeichnet Gen.Obst. Jodl die Kapitulation der Wehrmacht vor den Westalliierten in Reims. Die Kapitulation soll am 8. Mai ab 23.01 Uhr mitteleuropäischer Zeit, also am 9. Mai 1945, 00.01 mitteleuropäischer Sommerzeit, in Kraft treten. Nach Erhalt dieser Nachricht erfolgt die Einstellung aller Angriffshandlungen. Um 09.00 Uhr (B) erhalten die alliierten Einheiten entlang der Haltelinie den Befehl von SHAEF, dass alle offensiven Handlungen einzustellen sind.

Am 9. Mai 1945, 00:16 Uhr erfolgt dann rückwirkend die Unterzeichnung der endgültigen Kapitulationsurkunde im Offizierskasino der Heerespionierschule Berlin-Karlshorst durch GFM Keitel für das OKW und das Heer, Generaladmiral von Friedeburg für die Kriegsmarine und Gen.Obst. Stumpff für die Luftwaffe sowie durch Marschall Tedder als Vertreter für SHAEF und durch Marschall Schukow für das sowjetische Oberkommando.

Noch während die Kapitulationsverhandlungen laufen, wird die 7. Armee der H.Gr. Mitte unterstellt und übernimmt die Erzgebirgsfront des XC. AK und des „Befehlshabers Erzgebirge". Doch die Kräfte des XC. AK sind zu schwach, um Widerstand zu leisten. Das Gen.Kdo. LXXXV. AK kapituliert.

Am 9. Mai 1945, 00.01 Uhr (B), schweigen alle Waffen. Offiziell enden alle Feindseligkeiten auf dem europäischen Kriegsschauplatz. Während sich die Masse der

Wehrmacht bis Anfang Mai 1945 in alliierte Kriegsgefangenschaft begeben, kapituliert die H.Gr. Mitte erst am 11. Mai 1945 im Raum östlich Prag. Die Versuche von Teilen der H.Gr. Mitte, aus Böhmen die Demarkationslinie zu den Amerikanern zu überschreiten, scheitern. Über eine Million Mann gehen in sowjetische Kriegsgefangenschaft.[37]

Generalfeldmarschall Wilhelm Keitel unterzeichnet die bedingungslose Kapitulation der Wehrmacht im Hauptquartier der Roten Armee in Berlin-Karlshorst. Foto: National Archives, 111-SC 202692

* * *

[1] Oberst Günther Reichhelm, B-606, NARA.
[2] Oberst i.G. Wilutzky, B-703, NARA.
[3] „Joseph Goebbels Tagebücher", S. 127.
[4] "US Army in World War II – The E.T.O. The last offensive", Kapitel XVII "Sweep to the Elbe" v. Charles B. Mac Donald, 1993, S. 379.
[5] Gen.d.Inf. Schulz, BA-MA, RH 19 XII N 318/1.
[6] Gellermann 1997.
[7] FS Fl.Verb.Offz. beim AOK 9, DR.B.Nr. 549/45, Geheim, an Lfl.Kdo. 6 Ia v. 10.4.45, 24.00 Uhr, Sammlung Eiermann, Sinsheim.
[8] Gellermann 1997, 3. S. 32.
[9] Ebd., S. 31.
[10] KTB/OKW v. 13.4.45.
[11] Oberst Reichhelm, B-606, NARA.
[12] Oberst Estor, B-581, NARA.
[13] Gen.d.Pz.Tr. v. Edelsheim, B-219, NARA.
[14] Haupt 1972.
[15] Petersen war General der Flieger bevor sein IV. Lw-Feldkorps in XC. AK umbenannt und vom Heer übernommen wurde. Er soll seinen Luftwaffen-Dienstgrad behalten haben, hat jedoch seine Ausarbeitung für die Historical Division der US Army mit Gen.d.Inf. unterschrieben.
[16] Gen.d.Pz.Tr. v. Edelsheim, B-219, NARA.
[17] Ebd.
[18] Knopp 1998.
[19] Gen.d.Pz.Tr. v. Edelsheim, B-219, NARA.
[20] Gen.Maj. Frhr v. Gersdorff, A-893, NARA.
[21] Oberst i.G. Wilutzky, B-703, NARA.
[22] Gen.d.Inf. Petersen, B-507, NARA.
[23] NARA, B-581, Oberst Estor.
[24] Ebd.
[25] Gen.Lt. Flörke, B-329, NARA,
[26] Gen.d.Pz.Tr. v. Edelsheim, B-219, NARA.
[27] Gen.d.Inf. Petersen, B-507, NARA.
[28] Gellermann 1997, S. 74f..
[29] Ebd.; Vgl. „...Wittenberg brennt..." v. G. Herrmann, S. 80.
[30] Herrmann, S. 80; Vgl. Gellermann 1997, S. 76.
[31] Oberst Estor, B-581, NARA.
[32] Gen.Maj. Frhr v. Gersdorff, A-893, NARA.
[33] Knopp 1998.
[34] Gellermann 1997, S. 82f.
[35] Gen.d.Pz.Tr. v. Edelsheim, B-219, NARA.
[36] Henke 1996, S. 680.
[37] Ebd., S. 687.

3. Kurzchronologie des amerikanischen Vormarschs

Karfreitag, 30. März 1945

3rd US Army, XII. US Corps – Das CCB der 4th US AD stößt in Richtung **Hersfeld/HE** vor, ihr CCA erreicht den Raum zwischen **Hersfeld** und **Vacha/TH** in der **Rhön**.

Sonnabend, 31. März 1945

3rd US Army, XX. US Corps – Die 6th US AD stößt nach Nordosten in Richtung **Mühlhausen/TH** vor.

3rd US Army, XII. US Corps – Die 4th US AD beginnt mit dem Vorstoß in den Raum **Eisenach/TH**.

Ostersonntag, 1. April 1945

3rd US Army, XX. US Corps – Das Corps erreicht an der Nordflanke des Angriffs der Armee den Raum **Kassel/H**.

3rd US Army, XII. US Corps –Das CCB der 4th US AD erreicht die **Werra nördlich von Eisenach**, und errichtet in der Nacht einen Infanterie-Brückenkopf. Die 11th US AD des Corps, die den Auftrag erhalten hat, durch die **Rhön** über **Meiningen/TH** und den Thüringer Wald bis nach **Arnstadt/TH** und **Kranichfeld/TH** vorzurücken, erreicht mit dem CCB den Raum **Kaltensundheim/ TH** und dem CCA **Frankenheim/TH** und **Reichenhausen/TH** in der **Rhön**.

Ostermontag, 2. April 1945

3rd US Army, XX. US Corps – Die 6th US AD rückt auf die Flüsse **Werra** und **Wehre** an der hessisch-thüringischen Landesgrenze vor, wo sie einen Brückenkopf bilden.

3rd US Army, XII. US Corps – Das CCB der 4th US AD erweitert den **Werra**-Brückenkopf **Creuzburg/TH** nach **Neukirchen/TH** und das CCA geht über eine Pontonbrücke bei **Spichra/TH**. Die 90th US InfDiv beginnt bei **Berka/HE** und **Bengendorf/HE** mit dem Übergang über die **Werra**. Die 11th US AD erreicht die Werra bei **Meiningen/TH** und errichtet mit dem CCB einen Brückenkopf bei **Wasungen/TH** und dem CCA im Raum **Grimmenthal/TH**. In **Vachdorf/TH** wird eine Brücke gesichert.

Dienstag, 3. April 1945

3rd US Army, XX. US Corps – Die 6th US AD überquert mit dem CCB die **Werra** bei **Großburschla/TH** und die **Wehre** bei **Reichensachsen/HE**, besetzt **Reichensachsen/HE** und **Eschwege/HE** und erreicht **Heyerode/TH** im **Südeichsfeld**. Das CCA, das im Raum **Bad Sooden/HE** nicht übersetzen kann, folgt dem CCB, während das CCR **Eschwege** und die Flusslinie zwischen **Wanfried/HE** und **Heldra/HE** sichert. Die 65th US InfDiv rückt an der rechten Corpsflanke vor und erreicht mit dem 260th InfRgt die **Linie Reichensachsen – Langenhain/HE** und das 259th InfRgt überquert die **Werra**.

3rd US Army, VIII. US Corps – Das Corps versammelt sich für den Angriff bis zur Linie **Mühlhausen – Langensalza – Gotha** (alle **TH**).

3rd US Army, XII. US Corps – Beim Corps, das den Befehl hat, bis zur Linie **Gotha – Suhl** vorzurücken und dann anzuhalten, erreicht die 4th US AD mit dem CCB den Rand von **Gotha/TH**, während das CCA in den Raum **Hörselgau/TH** vordringt. Die 90th US InfDiv säubert den Abschnitt **Berka/HE – Vacha/TH**, östlich der **Werra**. Die 11th US AD stößt mit dem CCB nach **Oberhof/TH** und das CCA erreicht **Suhl/TH**. Damit steht das XII. US Corps als erstes Corps der 3rd US Army an der befohlenen Haltelinie der 12th AGr. Die nachfolgende 26th US InfDiv erreicht mit ihren vorderen Elementen **Schwarzbach/HE**.

Mittwoch, 4. April 1945

3rd US Army, XX. US Corps – Die 6th US AD schließt in einer Zangenbewegung **Mühlhausen** ein und dringt mit dem CCA in den Norden und CCB in den Süden der Stadt vor. **Kassel** ergibt sich der 80th US InfDiv. Division. Die frisch unterstellte 76th US InfDiv rückt in Richtung **Langensalza/TH** vor, um umgangene Widerstandsnester zu zerstören.

3rd US Army, VIII. US Corps – Das Corps übernimmt den Abschnitt zwischen dem XX. und XII. US Corps im Raum **Gotha** und am Kamm des Thüringer Waldes und greift nach Osten an. Die 65th US InfDiv, XX. US Corps und die 4th US AD, XII. US Corps werden dem VIII. US Corps unterstellt. Das 259th InfRgt, 65th US InfDiv erreicht den Raum **Creuzburg/TH** und das 260th InfRgt versammelte sich in der Nähe von **Datterode/HE**. Im Zentrum des Corps wird die 89th US InfDiv nach Osten in Sammelräume verlegt und ihr 353rd InfRgt bewegt sich in den Abschnitt **Berka/HE – Lauchröden/TH**, wo es Teile der 90th US InfDiv des XII. US Corps entlastet. Bei der 4th US AD, die somit die rechte Flanke des VIII. US Corps bildet, besetzt das CCB **Gotha** und bewegt sich in den Raum

Mühlberg/TH. Das CCA greift südöstlich auf **Ohrdruf/TH** an und befreit das **AL Espenfeld** des **KZ Buchenwald**.

3rd US Army, XII. US Corps – Die 90th US InfDiv nimmt mit dem 357th InfRgt **Marksuhl/TH** und **Möhra/TH**. Das 358th InfRgt besetzt **Merkers bei Bad Salzungen/TH**, wo sie in einem Kalibergwerk den Goldschatz der Reichsbank und eine große Menge an Kunstschätzen und Geld erbeuten. Die 11th US AD hat ihren Auftrag im Wesentlichen erfüllt und konsolidiert und verbessert seine Positionen. Das CCA erobert **Suhl**. Die 26th US InfDiv greift im Raum **Schmalkalden/TH – Wasungen/TH** an und beginnt mit der Überquerung der **Werra**.

Donnerstag, 5. April 1945

1st US Army, V. US Corps – Die 1st US Army, die nördlich der 3rd US Army operiert, befiehlt seinem V. US Corps den Vormarsch zur Linie **Duderstadt/NI – Schlotheim/TH**.

3rd US Army, XX. US Corps – Das CCA und CCB der 6th US AD besetzt **Mühlhausen**. Danach geht das CCB in den Raum **Schlotheim/TH**, während das CCA nach Südosten fährt und parallel zu den Einheiten der 65th US InfDiv des VIII. US Corps den Angriff auf **Langensalza** beginnt. Die 80th US InfDiv beginnt ihren Angriff von Kassel nach Osten, wird aber durch eine Befehlsänderung zum Anhalten gebracht. Die 76th US InfDiv rückt weiter nach Osten in Richtung der Flüsse **Werra** und **Wehre** vor und ihr RCT 385 beginnt mit dem Angriff auf **Großalmerode/HE**, während das RCT 304 auf der Rechten die Wehre bei **Niederhone/HE**, westlich von **Eschwege**, erreicht und eine Brücke erobert.

3rd US Army, VIII. US Corps – Das Corps übernimmt den bisherigen Abschnitt des XII. US Corps. Die 65th US InfDiv rückt weiter auf die **Linie Mühlhausen – Langensalza** vor. Ihr 259th InfRgt auf der Rechten hat bis zum Einbruch der Nacht die Kontrolle über den größten Teil von **Langensalza**. Teile des 353rd InfRgt der 89th US InfDiv bewegten sich nach **Eisenach**, wo mit der Besatzung die Kapitulation vereinbart wurde, ziehen sich aber zurück, nachdem sie erfahren, dass deutsche Truppen in die Stadt zurückgekehrt sind. Die Task Force Burton des 3rd Bn, 354th InfRgt erreicht an der linken Flanke der Division die Linie **Henningsleben/TH – Warza/TH**, wo es stoppt, um die Entlastung durch das XX. US Corps zu erwarten. Die 4th US AD bleibt in Erwartung der Ablösung im Raum **Gotha**.

3rd US Army, XII. US Corps – Das Corps beginnt mit der Umgruppierung für den Angriff nach Südosten in Richtung **Coburg/BY**. Die 90th US InfDiv versammelt sich nördlich der **Werra**. Das CCA der 11th US AD rückt in einem begrenzten

Angriffsstoß in Richtung **Kamm des Thüringer Waldes** vor. Das CCR nimmt eine Route zwischen dem CCB und CCA und besetzt **Meiningen** und den nahegelegenen Flugplatz. Dann hält die Division in Erwartung neuer Befehl. **Meiningen/TH** wird an das 101st InfRgt der nachrückenden 26th US InfDiv übergeben. Deren 328th InfRgt beendet die **Werra**-Überquerung, besetzt **Schmalkalden/TH** und stellte den Kontakt zur 90th US InfDiv an ihrer Linken her.

Freitag, 6. April 1945

3rd US Army, XX. US Corps – Das CCA der 6th US AD beendet zusammen mit der 65th US InfDiv des VIII. US Corps die Einnahme von **Langensalza**. Die 80th US InfDiv verlegt aus dem Raum Kassel nach **Gotha**. Das RCT 385 der 76th US InfDiv erreicht die **Werra** und besetzt **Großalmerode/HE, Trubenhausen/HE** und **Bad Sooden/HE**. Dann überquert es die **Wehre** bei **Niederhone/HE** und stößt in den Raum **Eschwege/HE**. Das RCT 304 fährt östlich der Wehre in die Umgebung von **Schönstedt/TH**.

3rd US Army, VIII. US Corps – Die 65th US InfDiv beendet die Einnahme von **Langensalza** und hält an der Haltelinie **Mühlhausen – Langensalza**. Das 353rd InfRgt der 89th US InfDiv bekämpft starken Widerstand bei **Eisenach** und besetzt die Stadt, das 354th InfRgt geht am 353rd InfRgt vorbei in den Raum **Waltershausen/TH** und das RCT 355 geht in den Raum **Ohrdruf/TH**, um die rechte Flanke der Division abzuschirmen. Die 4th US AD bleibt im Raum **Gotha – Ohrdruf** in der Versammlung. Die 87th US InfDiv rückt auf der rechten Flanke des Corps vor und entlastet die 90th US InfDiv und Teile der 26th US InfDiv des XII. US Corps östlich der **Werra**.

3rd US Army, XII. US Corps – Das 357th und 358th InfRgt der 90th US InfDiv wird nördlich der **Werra** durch die 87th US InfDiv des VIII. US Corps entlastet und versammelten sich südlich des Flusses. Das 359th InfRgt wird der 26th US InfDiv unterstellt, um die 11th US AD im **Raum Zella-Mehlis/TH – Oberhof/TH** zu entlasten. Die 11th US AD erhält den Auftrag, die Linie **Schleusingen/TH – Hildburghausen/TH** in Vorbereitung für den Angriff in Richtung **Coburg/BY – Bayreuth/BY** zu sichern. Die 26th US InfDiv entlastet die 11th US AD nach Osten hin und errichtet Außenposten in der Nähe von **Themar/TH**.

Sonnabend, 7. April 1945

3rd US Army, XX. US Corps – Die 6th US AD hält ohne das CCR ihre Stellungen im Raum **Mühlhausen/TH**. Das CCR rückt mit Unterstützung des 3rd Bn, 304th InfRgt nach Nordwesten vor, um die 76th US InfDiv bei der Säuberung des

Gebietes westlich der **Werra** zu helfen. Das RCT 417 setzte die Säuberung westlich der Werra fort und erreicht den Raum **Bad Sooden/HE**. Aus dem Raum **Eschwege/HE** drückt das RCT 385 entlang des Ostufers der **Wehre** nach Norden in Richtung **Allendorf/HE** und **Volkerode/TH** und das RCT 304 erreicht die Haltelinie in der Umgebung von **Klettstedt/TH** bis **Gräfentonna/TH**, östlich von **Langensalza**. Ein deutschen Gegenangriff westlich von **Mühlhausen**, bei **Struth/TH**, der eine Einheit der 65th US InfDiv des VIII. US Corps überrascht, wird gemeinsam von Teilen des XX. und VIII. US Corps mit Unterstützung der USAAF abgewehrt. Die 80th US InfDiv versammelt sich im Raum **Gotha** und löst Teile der 4th US AD ab.

3rd US Army, VIII. US Corps – Im Abschnitt der 65th US InfDiv überrascht ein deutscher Gegenangriff das 3rd Bn, 261st InfRgt in **Struth/TH**, aber die Lage wird wiederhergestellt. Teile der 65th US InfDiv entlasten die Kräfte der 87th US InfDiv bei **Gerstungen/TH**. Das 353rd InfRgt der 89th US InfDiv säubert das Gebiet südöstlich von **Eisenach** bis zur **Linie Wutha/TH – Ruhla/TH**. Das 354th InfRgt besetzt **Friedrichroda/TH** und das 355th InfRgt sichert die rechte Flanke der Division von **Seebergen/TH** bis **Wölfis/TH**. Die 87th US InfDiv erreicht mit dem 345th InfRgt den Raum **Tambach/TH** und dem 347th InfRgt **Oberhof/TH**, wo es den Kontakt zur 11th US AD des XII. US Corps herstellt und in der Nacht vom 7. zum 8. April 1945 einen Gegenangriff abwehrt. Die 6th CavGp bewegt sich mit Teilen in den Raum **Eschwege** und bis nach **Eisenach**, um die linke Corpsflanke zu schützen.

3rd US Army, XII. US Corps – Die 11th US AD beginnt mit der Vorbereitung auf den Vorstoß nach **Bayreuth/BY**. Die 26th US InfDiv säubert aus dem Abschnitt **Meiningen/TH – Suhl/TH** nach Süden in Richtung **Themar/TH** und **Schleusingen/TH**, die von der 11th US AD besetzt wurden. Das RCT 14 der 71st US InfDiv beendet seinen Auftrag zum Schutz der rechten Corpsflanke im Raum **Kaltensundheim/TH**. Teile der 2nd CavGp schirmen das Corps auf der Linie **Bettenhausen/TH – Meiningen/TH** ab, bis sie von der 106th CavGp der 7th US Army abgelöst werden.

Sonntag, 8. April 1945

3rd US Army, XX. US Corps – Das RCT 417 der 76th US InfDiv hält Sicherungsstellungen östlich von **Eschwege**. Das RCT 385 setzt gemeinsam mit dem CCR der 6th US AD die Säuberung des Gebietes nördlich und nordöstlich von **Eschwege** fort und das RCT 385 erreicht **Allendorf/HE** und **Volkerode/TH**. Bei **Volkerode** entlastet es Teile des CCR. Das RCT 304 hält östlich von **Langensalza** und erweitert seinen Abschnitt nach Nordwesten, wobei es einen Teil des

Abschnittes des CCA der 6th US AD übernimmt. Die 80th US InfDiv lässt ihr 319th InfRgt in **Gotha/TH** und beginnt mit dem 317th InfRgt auf der Linken und dem 318th InfRgt auf der Rechten aus dem Raum **Gotha** den Angriff in Richtung **Erfurt/TH**.

3rd US Army, VIII. US Corps – Die 89th und 87th US InfDiv setzen die Säuberung des **Thüringer Waldes** fort. Die 6th CavGp versammelt sich in der Reserve im Raum **Thal/TH – Seebach/TH**. Die 4th US AD verbleibt nach der Übernahme ihrer bisherigen Abschnitte durch die 89th US InfDiv und 80th US InfDiv des XX. US Corps im Raum **Gotha/TH** in Vorbereitung auf die Wiederaufnahme des Angriffs. Die 65th US InfDiv geht in die Reserve des Corps.

3rd US Army, XII. US Corps – Die 11th US AD beendet die Versammlung für den Angriff nach Südosten auf **Coburg/BY**. Auf der linken Corpsflanke übernimmt die 90th US InfDiv den Abschnitt oberhalb von **Zella-Mehlis/TH** und greift bis zur Linie **Gehlberg/TH – Stützerbach/TH** an. An ihrer Rechten erreicht die 26th US InfDiv die **Nahe-Linie** von **Schmiedefeld/TH** bis **Rappelsdorf/TH** und stellt den Kontakt zum CCA der 11th US AD her. Die 71st US InfDiv säubert im Rücken des Corps den Abschnitt **Meiningen – Marisfeld/TH – Jüchsen/TH** und die 2nd CavGp drückt auf der rechten Corpsflanke bis in den Raum **Jüchsen/TH – Nordheim vor der Rhön/BY**.

Montag, 9. April 1945

1st US Army, VII. US Corps – Die 3rd US AD überquert die **Weser**, stürmt in **Richtung Nordhausen** und erreicht die **Leine** zwischen **Northeim/NI** und nördlich **Göttingen/NI**.

1st US Army, V. US Corps – Die 9th US AD bereitet sich auf den Angriff durch die Linien der 2nd und 69th US InfDiv vor, die gegen leichten Widerstand nach Osten vorrücken.

3rd US Army, XX. US Corps – Die 3rd CavGp übernimmt die Nordflanke des Corps vom RCT 385 der 76th US InfDiv und dem unterstellten CCR der 6th US AD und beendet die Räumung der Corps-Nordflanke. Das RCT 385 besetzt südöstlich von **Langensalza** die Ortschaften **Döllstädt, Großfahner, Gierstädt** und **Kleinfahner** (alle **TH**). Die 80th US InfDiv rückt weiter auf **Erfurt** vor. Das CCB der 6th US AD besetzt **Toba/TH** und das CCA wird im Raum **Mühlhausen/TH** abgelöst und versammelt sich.

3rd US Army, VIII. US Corps – Das 353rd InfRgt säubert das Gebiet an der linken Flanke der 89th US InfDiv, während das verstärkte 354th InfRgt **Georgenthal/TH**

und **Finsterbergen/TH** besetzt. Das 355th InfRgt setzt den Schutz der rechten Flanke fort und nimmt **Gräfenhain/TH**. Die 87th US InfDiv erreicht mit dem 345th und 347th InfRgt auf der Linken die Umgebung von **Stutzhaus/TH** und auf der Rechten den Raum **Schneekopf – Großer Beerberg** am Kamm des Thüringer Waldes. Das 346th InfRgt geht nach Nordosten, um die Nordflanke der Division zu schützen und den Kontakt zur 89th US InfDiv zu halten. Die 4th US AD wird in ihrem Versammlungsraum **Gotha** dem XX. US Corps unterstellt.

3rd US Army, XII. US Corps – Das Corps bereitet sich auf die Wiederaufnahme der Offensive vor.

Dienstag, 10. April 1945

9th US Army, XIX. US Corps – Die 83rd US InfDiv rückt im rechten Corpsabschnitt mit dem 329th InfRgt auf der Linken und dem 330th InfRgt auf der Rechten aus dem Raum **Westfeld/NI – Seesen/NI** nach Osten vor und besetzt an der linken Flanke mehrere Orte nördlich des Harzes. Die Kräfte an seiner rechten Flanke kämpfen sich langsam durch den **Nordharz** vorwärts.

1st US Army, VII. US Corps – Die 3rd US AD setzt den schnellen Vormarsch nach **Nordhausen/TH** fort. Ihr CCB erreicht auf der rechten Seite **Klein-** und **Großwerther/TH** und das CCR **Silkerode, Bockelnhagen** und **Zwinge** im **Eichsfeld** (alle **TH**). Die 1st und 104th US InfDiv folgten hinter den Panzern.

1st US Army, V. US Corps – Die 9th US AD geht durch die Infanteriedivisionen und beginnt den Angriff zur **Linie Nordhausen – Ebeleben/TH – Schlotheim/TH**. Das CCB erreicht auf der linken Seite **Hain**, südlich von **Nordhausen** und das CCA im Zentrum Stellungen nördlich von **Ebeleben**. Das CCR überrennt auf der rechten **Schlotheim** und erreicht mit seinen Spitzen **Freienbessingen/TH**. Die 2nd und 69th US InfDiv säubern das Hinterland der Panzerkräfte.

3rd US Army, XX. US Corps – Die 76th US InfDiv an der linken und die 80th US InfDiv an der rechten Flanke weiten ihre Positionen nach Osten aus und bereiten sich auf das Passieren ihrer Linien durch die Panzer vor. Die 76th US InfDiv dringt mit dem RCT 304 und dem RCT 385 Division zur **Bahnlinie Straußfurt/TH – Kühnhausen/TH** vor. Dann entlastet das RCT 417 das RCT 304. Die 80th US InfDiv beginnt mit der Einschließung von **Erfurt**. Die 3rd CavGp versammelt sich nördlich von **Gotha** und übernimmt die Sicherung der linken und rechten Flanke des Corps. Die 6th und 4th US AD bereiten sich auf den Angriff nach Osten durch die Linien der Infanteriedivisionen vor. Teile der 6th US AD, die im Abschnitt der 1st US Army stehen, werden von der 9th US AD und 69th US InfDiv abgelöst.

3rd US Army, VIII. US Corps – Die 89th US InfDiv erreicht mit dem 355th InfRgt auf der linken und dem 354th InfRgt auf der rechten Seite bei **Rudisleben/TH, Arnstadt/TH** und östlich von **Espenfeld/TH** den **Fluss Gera**. Bei der 87th US InfDiv nimmt das 345th InfRgt **Stutzhaus/TH** und rückt weiter in die Umgebung von **Crawinkel/TH** vor. Das 347th InfRgt erreicht auf der rechten **Geraberg/TH**. Die TF Sundt der Division bereitet sich darauf vor, als Speerspitze der Division am kommenden Tag zur **Saale** zu fahren. Ihr soll das 3rd Bn, 346th InfRgt motorisiert folgten, während sich der Rest des 346th InfRgt auf den Angriff durch das 345th InfRgt vorbereitet. Die 65th US InfDiv verlässt den Versammlungsraum bei **Berka/HE**.

3rd US Army, XII. US Corps – Das Corps eröffnet an der Südflanke der Armee die Offensive nach Südosten. Die 11th US AD stößt, gefolgt von der 71st US InfDiv, schnell in den Raum **Coburg/BY**. Die 26th US InfDiv rückt nach Südosten durch den **Thüringer Wald** vor. An der linken Corpsflanke erreicht das 359th InfRgt, 90th US InfDiv **Ilmenau/TH** und das 358th InfRgt **Neustadt a. R./TH**.

Mittwoch, 11. April 1945

9th US Army, XIII. US Corps – Die 5th US AD bewegt sich in Richtung **Elbe**.

9th US Army, XIX. US Corps – Das CCB der 2nd US AD erreicht die **Elbe** südlich von **Magdeburg/ST**. Das 329th InfRgt der 83rd US InfDiv besetzt **Halberstadt/ST** und **Gröningen/ST** und das 330th InfRgt und die TF Biddle säubern ein großes Waldgebiet an der rechten Corpsflanke.

1st US Army, VII. US Corps – Das CCB der 3rd US AD besetzt **Nordhausen/TH** und greift mit dem CCA und CCR in Richtung **Südharz** an. Das CCA besetzt **Osterode/NI** und **Herzberg/NI** und CCR sichert **Bartolfelde, Osterhagen, Tettenborn** und **Neuhof** (alle **NI**). Das 83rd Armd Rcn Bn der Division nimmt **Obersachswerfen, Gudersleben** und **Woffleben** (alle **TH**). Die 1st und 104th US InfDiv folgen.

1st US Army, V. US Corps – Die 9th US AD erreicht mit dem CCB an der linken Seite, dem CCA im Zentrum und dem CCR an der rechten die Linie **Ringleben – Sachsenburg – Heldrungen – Rothenberga – Hardisleben. Sondershausen** und **Bad Frankenhausen** (alle **TH**) werden besetzt. Die 2nd und 69th US InfDiv folgen.

3rd US Army, XX. US Corps – Die Panzer gehen durch die Infanterie hindurch und fahren zur **Saale.** In **Bad Sulza/TH** wird durch die 6th US AD ein alliiertes Kriegsgefangenenlager überrannt und eine Patrouille erreicht das

Konzentrationslager Buchenwald bei **Weimar/TH**. Dann geht die 6th US AD mit dem CCB und CCA Seite an Seite und dem nachfolgenden CCR bei **Bad Kösen/ST, Kleinheringen/ST** und **Camburg/TH** über die **Saale**. Die 4th US AD umgeht **Erfurt** und **Weimar** und überrennt mit ihrem CCB auf der Linken das **Konzentrationslager Buchenwald** bei **Weimar/TH**. Dann erreicht es **Ulrichshalben/TH – Schwabsdorf/TH**. Auf der Rechten erreicht das CCA die **Saale** südlich von **Jena/TH**, wo die Brücken zerstört sind. Daraufhin versammelt es sich im Raum **Göschwitz/TH**. Das CCR folgt. Bei der Säuberung des Hinterlandes der Panzerkräfte erreicht die 76th US InfDiv den Raum **Buttstädt/TH**. Die 80th US InfDiv schließt mit dem 317th und 319th InfRgt **Erfurt/TH** ein, während das 319th InfRgt der 4th US AD entlang der Autobahn folgt. Die 3rd CavGp übernimmt die Verantwortung für die Sicherung der Corpsflanken.

3rd US Army, VIII. US Corps – Die 89th US InfDiv erreicht die Linie **Gutendorf – Tonndorf – Kranichfeld – Witzleben** (alle **TH**) und bildet die TF Crater für einen Vorstoß zur Saale am 12. April 1945. Die 87th US InfDiv rückt an der linken auf **Stadtilm/TH** und an der rechten Seite auf **Bad Blankenburg/TH** vor. Die 65th US InfDiv verlegt in einen Versammlungsraum in der Nähe von **Waltershausen/TH**. Die 28th CavRcnSq der 6th CavGp erhält den Auftrag zum Schutz der Nordflanke des Corps und schließt die Lücke zwischen der 89th und 87th US InfDiv.

3rd US Army, XII. US Corps – **Coburg/BY** gegenüber der 11th US AD. Die 26th US InfDiv besetzt **Eisfeld/TH** und erreicht die Straße **Steinheid/TH – Schalkau/TH**. Die 90th US InfDiv rückt mit dem 359th InfRgt über **Langenwiesen/TH – Gehren/TH** und dem 358th InfRgt über **Großbreitenbach/TH** vor. Aufklärungskräfte nähern sich **Königsee/TH**.

Donnerstag, 12. April 1945

9th US Army, XIII. US Corps – Die 5th US AD erreicht mit dem CCR die **Elbe** bei **Wittenberge/BB** und der **Hansestadt Werben/Elbe/ST** und mit dem CCA bei **Tangermünde/ST**, kann aber keine Brücken erobern. Die 84th und 102nd US InfDiv folgen im linken und rechten Abschnitt des Corps.

9th US Army, XIX. US Corps – Das CCB der 2nd US AD errichtet südlich von **Magdeburg**, bei **Randau/ST,** einen kleinen Infanterie-Brückenkopf über der **Elbe**. Das CCA und CCR blockieren die Ausfallstraßen von **Magdeburg**. Das 329th InfRgt der 83rd US InfDiv erreicht die **Elbe** bei **Barby/ST**, südöstlich von **Schönebeck/ST**, während das 330th InfRgt die Säuberung des **Nordharzes**

fortsetzt und das 331st InfRgt mit den vorderen Elementen der Division **Nienburg/ST** an der **Saale** nimmt.

1st US Army, VII. US Corps – Bei der 3rd US AD nimmt das CCR **Obersdorf, Pölsfeld** und **Blankenheim** (alle **ST**) ein, das CCA besetzt **Sangerhausen/ST** und das CCB nimmt **Holdenstedt, Wolferstedt** und **Allstedt** (alle **ST**). Ihr 83rd Armd Rcn Bn erreicht an der rechten Flanke **Oberröblingen, Niederröblingen** und **Allstedt** (alle **ST**). Die 1st US InfDiv säubert mit der unterstellten 4th CavGp entlang des Harzrandes und das 26th InfRgt drückt zum Westrand von **Clausthal-Zellerfeld/NI**. Das 413th InfRgt der 104th US InfDiv greift **Bad Lauterberg/NI** an und besetzt **Sachsa/NI** und **Ellrich/TH**. Das 414th InfRgt blockiert die Harzausgänge nordöstlich von **Nordhausen/TH** und das 415th InfRgt geht nach **Kelbra/TH, Wallhausen/ST** und **Oberröblingen/ST**.

1st US Army, V. US Corps – Die 9th US AD erreicht mit dem CCB die Nähe der **Saale** in der Umgebung von **Delitz am Berge/ST** und **Bad Lauchstädt/ST**, westlich von **Merseburg/ST**, wo es auf Widerstand trifft und sich versammelt. **Querfurt/ST** wird besetzt. Das CCA überquert die **Unstrut** bei **Nebra/ST** und geht in den Raum **Pettstädt/ST,** nordwestlich von **Weißenfels/ST**, wo es sich versammelt. Das CCR überquert die Saale bei **Naumburg/ST** und fährt durch **Naumburg/ST** nach Osten zur Straße **Weißenfels – Zeitz** und weiter nach Südosten in Richtung **Zeitz/ST**. Der Vormarsch stoppt, nachdem bekannt wird, dass die Brücken über die **Weiße Elster** bei **Zeitz/ST** zerstört sind. Die 2nd und 69th US InfDiv folgen den Panzerkräften.

3rd US Army, XX. US Corps – Die 6th US AD erreicht die **Weiße Elster** bei **Zeitz/ST**. Ihr CCB schwenkt wegen zerstörter Brücken in die Zone des V. US Corps und besetzt eine Brücke bei **Pegau/ST**. Dann geht es weiter nach **Audigast/ST**. Das CCA sichert südlich von **Zeitz/ST** eine Brücke bei **Rossendorf/ST** und errichtet einen Infanterie-Brückenkopf, bevor die Brücke durch eine Zeitzünderbombe verloren geht. Das CCR erreicht **Kretzschau/ST**, westlich von **Zeitz/ST**. Das CCB der 4th US AD überquert die **Saale** nördlich von **Jena/TH** und nimmt **Kunitz/TH** und **Laasan/TH**. Das CCA setzt südlich von **Jena** über und fährt nach Nordosten in den Raum **Beulbar – Ilmsdorf – Scheiditz** (alle **TH**). Das CCR geht in den Raum **Mellingen/TH** und sendet Kräfte nach Norden, um den Abschnitt zwischen dem CCB und CCA zu säubern. Die 76th US InfDiv folgt der 6th US AD in Richtung **Zeitz**. Ihr RCT 304 erreicht auf der linken Seite die Umgebung von **Hollsteitz/ST**. Die 80th US InfDiv nimmt mit dem 317th und 318th InfRgt **Erfurt/TH** und das 319th InfRgt nimmt die Kapitulation von **Weimar/TH** entgegen, bevor es weiter auf **Jena** vorgeht.

3rd US Army, VIII. US Corps – Das Corps rückt zur **Saale** vor. Auf der linken geht die TF Crater als Speerspitze der 89th US InfDiv durch **Bad Berka/TH** bis zur Saale im Raum **Rothenstein/TH**. Das 355th InfRgt beseitigt den Widerstand, der von TF Crater umgangen wurde und besetzt **Tannroda/TH**, während das 354th InfRgt südlich von **Kranichfeld/TH** vorankommt. Die TF Sundt der 87th US InfDiv erreicht die **Saale** in der Nähe von **Rudolstadt/TH**. Das 346th InfRgt, das die TF Sundt unterstützt, nimmt **Ehrenstein/TH** und **Altremda/TH**. Das 347th InfRgt besetzt **Bad Blankenburg/TH**.

3rd US Army, XII. US Corps – Im Abschnitt nördlich der thüringisch-fränkischen Landesgrenze überrennt die 26th US InfDiv **Lauscha, Steinach, Sonneberg** und **Oberlind** (alle **TH**). Die 90th US InfDiv erreicht südlich von **Bad Blankenburg** den Abschnitt **Beulwitz – Bock und Teich** (alle **TH**).

Freitag, 13. April 1945

9th US Army, XIII. US Corps – Die 5th US AD säubert entlang der **Elbe** und nimmt **Tangermünde/ST**. Die 84th und 102nd US InfDiv rücken in Richtung **Elbe** vor.

9th US Army, XIX. US Corps – Das CCB der 2nd US AD muss den Brückenkopf über die **Elbe** räumen und zieht sich noch nach Süden in den Raum **Elbenau/ST – Grünewalde/ST** bei **Schönebeck/ST** zurück, während das CCA und CCR der Division weiter **Magdeburg/ST** blockieren. Die 30th US InfDiv säubert an der linken Corpsflanke in Richtung der **Elbe**. Die 83rd US InfDiv errichtet mit dem 329th und 331st InfRgt einen **Brückenkopf** über die **Elbe** bei **Barby/ST** und beginnt mit dem RCT 330 in Zusammenarbeit mit dem VII. US Corps der 1st US Army mit der Räumung des **Harzes**. Das CCB der 8th US AD geht nach **Halberstadt/ST** zur Sicherung der rechten Flanke des XIX. US Corps.

1st US Army, VII. US Corps – Die 3rd US AD fährt zur **Saale** bei **Alsleben, Nelben und Friedeburg** (alle **ST**) und setzt mit der Infanterie über. In der Nacht wird eine Brücke errichtet. Die 1st US InfDiv und die unterstellte 4th CavGp beginnen die systematische Räumung des **Harzes**. Die 104th US InfDiv blockiert mit Teilen den Südrand des Harzes und fährt mit der neugebildeten TF Kelleher in Richtung der **Saale** bei **Halle/SN**. Die 9th US InfDiv versammelt sich im Raum **Nordhausen/TH** und beginnt mit dem RCT 39 mit der Ablösung des 414th InfRgt der 104th US InfDiv. Ihr RCT 47 kehrt zur Division zurück.

1st US Army, V. US Corps – Die 9th US AD geht mit dem CCA durch **Naumburg/ST** zur **Weißen Elster** in die Umgebung von **Pegau/ST** und versammelt sich. Ihr CCB wartet auf den Bau einer Pontonbrücke bei **Weißenfels/ST** und das CCR überquert nördlich von **Zeitz/ST** die **Weiße Elster**. Die 2nd US InfDiv erreicht den Raum **Merseburg/ST** und die 69th US InfDiv setzt mit dem RCT 271 in **Weißenfels** über die Saale. Das RCT 272 erreicht mit seinen vorderen Elementen **Hohenmölsen/ST**.

3rd US Army, XX. US Corps – Die 6th US AD überquert mit dem CCB die **Weiße Elster** bei **Pegau/ST** und **Profen/ST** im Streifen der 1st US Army und fährt südostwärts in den Raum **Lucka/TH**. Das CCA überquert den Fluss bei **Rossendorf/ST** und **Schkauditz/ST** und erreicht von **Rossendorf/ST** aus **Breitenbach/ST**. Das CCR der 6th US AD geht im Zusammenwirken mit Teilen der 76th US InfDiv in **Zeitz** über den Fluss und beginnt den Angriff zur Einnahme der Stadt. Die 4th US AD umgeht **Jena/TH**, das von der 80th US InfDiv besetzt wird, überquert die **Weiße Elster** und errichtet Brückenköpfe über die **Zwickauer Mulde** mit dem CCB bei **Wolkenburg-Kaufungen/SN** und dem CCA in der Umgebung von **Oberwinkel/SN** und **Grumbach/SN.**

3rd US Army, VIII. US Corps – Das Corps säubert seinen Abschnitt westlich der **Saale**, über die alle Fahrzeugbrücken zerstört sind. Das 355th und 353rd InfRgt der 89th US InfDiv säubert Seite an Seite den Abschnitt **Rothenstein/TH – Beutelsdorf/TH** und löst ihre TF Crater auf. Die 87th US InfDiv säubert, mit dem 346th und 347th InfRgt parallel vorgehend, ihren Abschnitt bis zur **Saale**. Teile setzten bei **Etzelbach, Schwarza** und **Saalfeld** (alle **TH**) durch eine Furt und Fußbrücken über und errichten einen festen Brückenkopf. Die 65th US InfDiv säubert im Rücken des Corps das Gebiet um **Arnstadt/TH** und die 6th CavGp verteidigt die linke Flanke des Corps.

3rd US Army, XII. US Corps – Die 26th US InfDiv erreicht die Linie **Steinbach am Wald – Förtschendorf – Steinberg – Kronach** (alle **BY**). Die 90th US InfDiv rückt zur Linie **Lothra – Gleima – Rottersdorf** (alle **TH**) vor und die Aufklärungskräfte besetzten die Brücke über die **Selbitz**, südöstlich von **Lichtenberg/BY**.

Sonnabend, 14. April 1945

9th US Army, XIII. US Corps – Die 11th CavGp fährt nach Osten zur **Elbe** und schirmt die ungeschützte Nordflanke des Corps ab, nachdem der linke Nachbar, die Briten, nach Norden schwenken Der Angriff der 5th US AD über die **Elbe** wird auf Befehl der alliierten Oberkommandos gestoppt. Die Spitzen der nachfolgenden 84th und 102nd US InfDiv überholen die Panzerkräfte und erreichen die **Elbe** nördlich von **Tangermünde/ST**.

9th US Army, XIX. US Corps – Die 2nd US AD ist außerstande, eine Brücke zu errichten oder mit einer Fähre über die **Elbe** zu setzen. um die Infanterie des CCB östlich des Flusses zu verstärken. Am Nachmittag zieht sie sich aus dem Brückenkopf zurück. Nach der Entlastung der 83rd US InfDiv im Raum **Magdeburg/ST** durch das CCA der 2nd US AD setzt das, der 83rd US InfDiv beigefügte, CCR bei **Barby/ST** über die **Elbe** und übernimmt den Brückenkopf an der linken Flanke der 83rd US InfDiv. Die 83rd US InfDiv beendet mit dem 329th und 331st InfRgt den Übergang über die **Elbe**. Das RCT 137 der 35th US InfDiv übernimmt an der linken Corpsflanke Stellungen entlang des westlichen Elbufers von **Tangermünde/ST** bis **Grieben/ST** und entlastet die 125th CavRcnSq. Ihr RCT 320 geht unter die Kontrolle des Corps. Die 30th US InfDiv säubert mehrere Städte innerhalb ihres Abschnittes westlich der **Elbe**. Das CCB der 8th US AD wird dem Corps unterstellt und schirmt die rechte Flanke des Corps ab.

1st US Army, VII. US Corps – Die 3rd US AD beendet den Übergang über die **Saale** und stößt zum Zusammenfluss der **Elbe** und **Mulde** bei **Dessau/ST**. Die 1st US InfDiv dringt immer tiefer in den **Harz** vor. Das 413th InfRgt der 104th US InfDiv stellt den Kontakt zur 1st US InfDiv her. Die TF Kelleher rückt weiter in Richtung **Halle/ST** vor und erreicht die **Saale** in der Nähe von **Lettin/ST**. Das 415th InfRgt folgt. Die 9th US InfDiv beginnt mit dem RCT 47und 39 ihren Angriff zur Säuberung des **Ostharzes**.

1st US Army, V. US Corps – Das CCA der 9th US AD vereinigt sich entlang des Flusslaufes der **Weißen Elster** und rückt in die Umgebung von **Lobstädt/SN** vor. Das CCB bereitet sich vor, dem CCA zu folgen. Das CCR erreicht den Raum **Borna – Regis-Breitingen – Deutzen** (alle **SN)**. Die RCT 9 und 23 der 2nd US InfDiv erreichen nördlich von **Merseburg/ST** die **Saale**, wo das RCT 23 einen Brückenkopf errichtet. Das RCT 38 der Division überquert, verstärkt durch das 3rd Bn, 9th InfRgt, die Pontonbrücke bei **Weißenfels** und schwenkt nach Norden. Die 69th US InfDiv beendet mit dem RCT 271 die Einnahme von **Weißenfels/ST**, während das RCT 272 zur **Weißen Elster** bei **Lützkewitz/ST**, nordöstlich von **Zeitz/ST**, vorrückt.

3rd US Army, XX. US Corps – Die 6th US AD durchbricht die deutsche Verteidigung und rückt zur **Zwickauer Mulde** vor. Das CCB erreicht den Fluss bei **Rochlitz/SN** und errichtet einen Brückenkopf. Eine Kolonne stoppt in der Nähe des Flusslaufes im Raum **Carsdorf/SN.** Das CCA erreicht ebenfalls mit zwei Kolonnen die **Linie Spora/ST – Oberkossa/TH**. Das CCR beendet die Überquerung der **Weißen Elster** bei **Zeitz** und **Rossendorf/ST** und erreicht mit den Spitzen den Stadtrand von **Altenburg/TH**, wo es hält und auf Verstärkung wartet. Bei der 76th US InfDiv wird das RCT 304 in **Zeitz/ST** vom RCT 417 abgelöst und folgt den Panzern in Richtung **Altenburg**. Das RCT 385 erreicht den Raum **Zeitz**. Das CCB der 4th US AD erweitert den Brückenkopf **Wolkenburg/SN** und sichert zwei Brücken bei **Penig/SN**. Das CCA räumt, gefolgt vom CCR, **Limbach/SN** und **Wüstenbrand/SN**. Das 318th InfRgt der 80th US InfDiv folgt den Panzern, während das 319th InfRgt **Gera/TH** nimmt. Das 317th InfRgt bleibt in **Gera** und **Jena**, wird aber in **Weimar** durch das 5th Ranger Battalion abgelöst.

3rd US Army, VIII. US Corps – Das Corps erreichte die alliierte Haltelinie, die entlang der Flusslaufes der **Zwickauer Mulde** von Norden nach Süden bis **Wilkau-Haßlau/SN** und von dort weiter nach Südwesten entlang der Autobahn verläuft. Die 89th US InfDiv erreicht mit dem 355th und 353rd InfRgt die Linie **Möckern – Zwackau – Arnshagen** (alle **TH**). Bei der 87th US InfDiv erreicht die TF Sundt nach der Überquerung der Saale **Peuschen/TH**, das 346th InfRgt geht bei **Etzelbach/TH** über den Fluss und das 347th InfRgt erreicht **Schmorda/TH**. Die 28th CavRcnSq der 6th CavGp geht in den Abschnitt der 89th US InfDiv zur **Weißen Elster** im Raum **Gera – Weida** (alle **TH**).

3rd US Army, XII. US Corps – Die 26th US InfDiv erreicht westlich von **Hof/BY** in der Umgebung von **Selbitz, Münchberg** und **Streitau** (alle **BY**) die **Reichsautobahn Berlin – München**. Die 90th US InfDiv schließt entlang der **Saale**, an der **Bleilochtalsperre/TH** und an der **Selbitz** auf und nimmt **Lobenstein/TH**. Südöstlich von **Lichtenberg/BY** wird eine Brücke über die **Selbitz** erobert und das 358th InfRgt bildet einen Brückenkopf. Dann wird **Blankenberg/TH** genommen.

Sonntag, 15. April 1945

9th US Army, XIII. US Corps – Die 5th US AD säubert entlang der **Elbe**. Weitere Teile der 84th und 102nd US InfDiv schließen zum Fluss auf.

9th US Army, XIX. US Corps – Das Corps beendet die Säuberung seines Abschnittes westlich der Elbe. Das RCT 134 der 35th US InfDiv übernimmt den Abschnitt entlang der **Elbe** von **Grieben/ST** bis zur **Colbitz-Letzlinger Heide/ST**. Bei der 30th US InfDiv beenden die RCT 117 und 120 die Räumung des Abschnittes der Division westlich der **Elbe**. Die 2nd US AD hält ohne ihr CCR die Verteidigungsstellungen im Raum **Magdeburg** und das CCB sichert das Westufer der Elbe von **Westerhüsen/ST** bis **Schönebeck/ST**. Die 83rd US InfDiv erweitert den **Elbe-Brückenkopf** östlich von **Barby/ST**. Das RCT 320 der 35th US InfDiv, das der 83rd US InfDiv unterstellt wurde, räumt die rechte Flanke des Corps zwischen der **Saale** und **Elbe**, nimmt **Tornitz/ST** und **Werkleitz/ST**, geht über die **Saale** und besetzt **Groß-Rosenburg/ST**. Die Pioniere beginnen mit dem Bau einer Brücke bei **Breitenhagen/ST**, südöstlich von **Barby/ST**, als vorbeugende Maßnahme für den Brückenkopf **Barby**. Das 330th InfRgt setzt die Säuberung des **Harzes** fort und stellt den Kontakt mit der 1st US InfDiv des VII. US Corps der 1st US Army her.

1st US Army, VII. US Corps – Das CCB der 3rd US AD errichtet an der **Mulde** einen Brückenkopf in der Nähe von **Törten/ST** und Elemente erreichen auf der rechten Seite den Raum **Thurland/ST**. Das CCR erreicht den nordöstlichen Rand von **Köthen/ST** und sendet Elemente nach Westen in Richtung **Bebitz/ST**. Das CCA erreicht die Linie **Quellendorf – Körnitz – Fernsdorf** (alle **ST**). An der rechten Grenze der Division erreichen die Aufklärer des 83rd Armd Rcn Bn die stark verteidigten Städte **Wolfen/ST** und **Bitterfeld/ST** und sichern **Reuden, Thalheim** und **Sandersdorf** (alle **ST**). Die 1st und 9th US InfDiv säubern in den kommenden Tagen den **Harz**.

1st US Army, V. US Corps – Das CCA der 9th US AD erreicht nordwestlich von **Borna/SN** den **Raum Thierbach – Kitzscher – Stockheim** (alle **SN**) und umgeht **Borna**, das vom CCB besetzt wird. Das CCR erreicht die **Mulde-Linie** von **Grimma/SN bis Colditz – Lastau/SN**. Die 2nd US InfDiv säubert **Merseburg/ST** und **Leuna/ST** und das RCT 23 überquert die **Saale**. Die Spitzen der 69th US InfDiv erreichen Positionen südlich von **Leipzig/SN**.

3rd US Army, XX. US Corps – Das CCB der 6th US AD überquert die **Zwickauer Mulde** in **Rochlitz/SN** und mit den anderen Teile der Division bei **Lunzenau/SN**. Dann gehen sie weiter nach Osten bis zur Haltelinie, um auf die Ankunft der Roten Armee zu warten. Das CCA nimmt bei **Mittweida/SN** drei Brücken über den Fluss **Zschopau**. Die nachfolgende 76th US InfDiv säubert **Zeitz/ST** und **Altenburg/TH** und geht zur **Mulde**, um den Brückenkopf der 6th US AD zu übernehmen. Das CCB der 4th US AD verbessert seine Positionen im Bereich **Burgstädt/SN** und sichert die Brücken über den **Fluss Chemnitz** bei **Draisdorf/SN** und nördlich davon. Das CCA patrouilliert in Richtung **Chemnitz/SN** und nimmt die Übergabe von **Siegmar/SN** entgegen. Die nachfolgende 80th US InfDiv besetzt mit dem 319th InfRgt **Crimmitschau/SN** und den größten Teil von **Glauchau/SN**, während sich das 318th InfRgt auf die Übernahme eines Brückenkopfes vorbereitet, von dem aus **Chemnitz/SN** zu übersehen ist.

3rd US Army, VIII. US Corps – Das Corps sendet die 89th US InfDiv zur Einrichtung eines Brückenkopfes über die **Zwickauer Mulde** in die Umgebung von **Zwickau/SN**, um den Kontakt zum XX. US Corps herzustellen. Nachdem das 354th InfRgt zwischen das 355th und 353rd InfRgt eingeführt wurde, geht die 89th InfDiv zur Linie **Weiße Elster – Weida** zwischen **Gera/TH** und

Zeulenroda/TH und beginnt mit dem Übersetzen. Die 6th CavGp überquert an der linken Corpsflanke die **Weiße Elster** und geht in den Abschnitt der 89th US InfDiv. Die 87th US InfDiv erreicht mit dem 346th InfRgt **Kleinwolschendorf/TH**, westlich von **Zeulenroda/TH**, mit der TF Sundt **Pausa/SN** und dem 347th InfRgt **Langenbach/SN**. Die 65th US InfDiv kehrt zum XX. US Corps zurück.

3rd US Army, XII. US Corps – An der Nordostflanke des Corps geht die 90th US InfDiv weiter in Richtung der **Straße Plauen – Hof** und besetzt den größten Teil von **Hof/BY**. Die 26th US InfDiv erreicht die Haltelinie von **Hof** bis **Gefrees/BY**.

Montag, 16. April 1945

9th US Army, XIII. US Corps – Die 84th und 102nd InfDiv entlasten die 5th US AD entlang der **Elbe** und die Division erhält den Auftrag, den rückwärtigen Raum zu säubern. Die Corpszone erweitert sich entlang der Elbe südwärts. Die 35th US InfDiv wird ohne ihr RCT 320 dem Corps unterstellt.

9th US Army, XIX. US Corps – Die 35th US InfDiv verschiebt ihren Abschnitt etwas nach Süden und entlastet Elemente der 30th US InfDiv, bevor sie dem XIII. US Corps unterstellt wird. Die 30th US InfDiv gruppiert sich nach der Entlastung um. Die 2nd US AD hält ihre Stellungen oberhalb von **Magdeburg/ST** und östlich der **Elbe** und bereitet sich im Zusammenwirken mit der 30th US InfDiv auf die Einnahme von **Magdeburg** vor. Die 83rd US InfDiv behauptet trotz starker Gegenangriffe im Abschnitt des CCR der 2nd US AD den Brückenkopf östlich von **Barby/ST**. Das RCT 320 setzt die Säuberung der Region zwischen **Saale** und **Elbe** fort. Das CCA der 8th US AD wird dem Corps unterstellt.

1st US Army, VII. US Corps – Die Divisionen des Corps erhalten den Haltebefehl entlang des Flusslaufs der **Elbe** und **Mulde**, um auf die Ankunft der Roten Armee zu warten. Die 3rd US AD hält ihren Brückenkopf an der **Mulde** und erweitert ihn entlang des Flusses nach Süden. Ihr CCR beseitigt den Widerstand in **Bernburg/ST** und schließt den **östlichen Harz-Ausgang**. **Köthen/ST** und die in der Umgebung liegenden Orte **Klepzig/ST** und **Merzien/ST** werden besetzt. Das CCA besetzt **Libbesdorf/ST** und rückt nach Nordosten auf **Dessau/ST** vor. Teile beginnen mit der Säuberung der **Mosigkauer Heide** südlich von **Dessau**. Das CCB hält seinen **Mulde**-Brückenkopf in der Nähe von **Törten/ST** und besetzt an seiner Rechten eine Anzahl von Orten. Die 104th US InfDiv rückt weiter auf **Halle/ST** vor und trifft an der **Saale** auf Widerstand. An der Westflanke des Corps gewinnt die 1st und 9th US InfDiv im **Harz** an Boden.

1st US Army, V. US Corps – Das CCA der 9th US AD erreicht die **Mulde** im Abschnitt **Bennewitz/SN** – **Grimma/SN**. Das CCR setzt über den Fluss und besetzt **Colditz/SN** und das CCB versammelt sich in **Weltewitz/SN**, südwestlich von **Eilenburg/SN**. Die 2nd US InfDiv vereinigt sich östlich der **Saale** und rückt von Westen auf **Leipzig/SN** vor. Die 69th US InfDiv drückt aus südwestlicher Richtung auf **Leipzig**. Ihre linke Flanke erreicht bei **Zwenkau/SN** den äußeren Verteidigungsring von Leipzig und die rechte Flanke Positionen südöstlich der Stadt.

3rd US Army, XX. US Corps – Die 6th US AD dreht sich oberhalb des Brückenkopfes an der **Zwickauer Mulde** zum RCT 304 der 76th US InfDiv und beginnt ein Instandhaltungs- und Rehabilitationsprogramm. Die 76th US InfDiv beendet ihren Auftrag entlang der **Zwickauer Mulde** und entlastet mit dem RCT 304 und 417 das CCA und CCR der 6th US AD. Die 4th US AD dreht sich oberhalb ihres Brückenkopfes an der **Zwickauer Mulde** zu den 318th und 319th InfRgt der 80th US InfDiv.

3rd US Army, VIII. US Corps – Die 6th CavGp bewegt sich vor der 89th US InfDiv und nimmt Brücken über die **Weiße Elster** bei **Berga/TH** und **Knottengrund/TH**. Dann dreht sie sich zur 89th US InfDiv und geht nach Osten zur Eisenbahnlinie, die durch **Werdau/SN** führt. Die 89th US InfDiv erreicht den Fluss **Pleiße** und beginnt an der linken Flanke den Angriff auf **Werdau/SN**. Ihre Mitte dringt in das **Zentrum des Werdauer Waldes** vor und an der Rechten erreicht Kräfte die **Weiße Elster** in der Umgebung von **Greiz/TH**. Die 87th US InfDiv besetzt mit dem 346th InfRgt **Zeulenroda/TH**, geht über die Weiße Elster und erreicht die Umgebung von **Brockau/SN**. Die TF Sundt stößt nach Südosten, nach **Mechelgrün/SN**, und das 347th InfRgt nimmt **Plauen/SN** und rückt über die Haltelinie des Corps, die **Reichsautobahn Chemnitz – Hof** bildet, bis **Oelsnitz/SN** vor.

3rd US Army, XII. US Corps – Das Corps konsolidiert sich entlang der Haltelinie.

Dienstag, 17. April 1945

9th US Army, XIII. US Corps – Dem Corps wird die 29th US InfDiv unterstellt, um die 5th US AD an der linken Corpsflanke nordwärts zur **Elbe** zu unterstützen, wo eine Lücke zwischen den amerikanischen und britischen Streitkräften entstanden ist. Das CCA der 5th US AD bereitet sich auf die Besetzung des **Forstes Knesebeck/NI**, südlich von **Wittingen/NI**, vor und wird dabei von Teilen der 102nd und 84th US InfDiv verstärkt. Das CCB blockierte die Straßen östlich des Forstes und das CCR säubert seinen Abschnitt südlich von **Salzwedel/ST**.

9th US Army, XIX. US Corps – Das Corps beginnt den Angriff auf **Magdeburg/ST**. Die 30th US InfDiv dringt in den nördlichen und nordwestlichen Teil der Stadt und das CCA der 2nd US AD in den südlichen und südwestlichen Teil ein. Zwei Drittel der Stadt werden besetzt. Das CCB der 2nd US AD hält seine Verteidigungslinie entlang der Elbe. Die 83rd US InfDiv verbessert ihre Positionen im **Elbe-Brückenkopf** östlich von **Barby/ST**. Das RCT 320 setzt die Säuberung zwischen **Saale** und **Elbe** fort. Das CCA der 8th US AD bleibt in der Reserve des Corps.

1st US Army, VII. US Corps – Die 3rd US AD festigt ihren Abschnitt südlich der **Elbe** und westlich der **Mulde** und beginnt in der Nacht vom 17. zum 18. April 1945 mit dem Rückzug aus dem Brückenkopf bei **Törten/ST**. Eine Task Force des CCR stößt auf **Aken/ST** an der Elbe vor, während eine andere von **Bernburg** nach Süden geht, um den Abschnitt **Bobbau–Steinfurth – Jessnitz** (alle **ST**) zu nehmen. Das CCA beendet die Säuberung der **Mosigkauer Heide** südlich von **Dessau**. Nach dem Scheitern der Verhandlungen über die Übergabe von **Halle** dringt die TF Kelleher, 104th US InfDiv in die Stadt ein und besetzt zwei Drittel der Stadt. Das RCT 413 unterstützte die TF Kelleher durch Schließen der Fluchtrouten aus Halle Das RCT 415 erreicht **Sandersdorf/ST** und **Roitzsch/ST**. Die 1st und 9th US InfDiv setzen den Angriff im **Harz** fort und die 1st US InfDiv nimmt **Braunlage/NI, Zorge/NI** und **Tanne/ST** ein. Teile entlasten die 9th US InfDiv in **Hasselfelde/ST**. Die 4th CavGp wird von der 1st US InfDiv an die 9th US InfDiv abgegeben. Die 9th US InfDiv erreicht auf der Linken mit dem RCT 60 den Raum **Mägdesprung/ST**, mit dem RCT 47 in der Mitte **Pansfelde/ST** und mit dem RCT 39 an der rechten **Aschersleben, Güsten** und **Ilberstedt** (alle **ST**).

1st US Army, V. US Corps – Die 9th US AD säubert entlang der **Mulde** und patrouilliert nach Norden. Die 2nd und 69th US InfDiv schließen **Leipzig/SN** von Westen und Süden her ein.

3rd US Army, XX. US Corps – Das Corps gruppiert sich für den Vorstoß nach Süden, Richtung **Alpen**, um. Die 65th US InfDiv versammelt sich im Raum **Bamberg/BY** und wechselt vom VIII. US Corps zum XX. US Corps.

3rd US Army, VIII. US Corps – Die 6th CavGp sichert die Haltelinie des Corps an der Linken und drückte nach Süden durch den Abschnitt der 87th US InfDiv zur Haltelinie an der Rechten. Die 89th US InfDiv erobert **Werdau/SN** und errichtet bei **Zwickau/SN** einen Brückenkopf über die **Zwickauer Mulde**. An der Rechten wird **Greiz/TH** und **Reichenbach/SN** besetzt. Die 87th US InfDiv schließt entlang der Haltelinie an der rechten Corpsflanke auf und erreicht mit dem 346th InfRgt **Lengenfeld/SN** und **Treuen/SN**, der TF Sundt **Bergen/SN** und Teilen des 347th InfRgt **Theuma/SN**.

3rd US Army, XII. US Corps – Das Corps gruppiert sich für den Angriff nach Südosten um.

Mittwoch, 18. April 1945

9th US Army, XIII. US Corps – Das Corps versammelt sich im Raum zwischen **Salzwedel/ST** und **Wolfsburg/NI**. Das CCA der 5th US AD besetzt ohne Widerstand den **Forst Knesebeck/NI** und versammelt sich bei **Steimke/NI**.

9th US Army, XIX. US Corps – **Magdeburg/ST** wird durch die 30th US InfDiv und 2nd US AD besetzt. Die 83rd US InfDiv rückt zur **Elbe** vor, festigt ihren Brückenkopf und weist einen Gegenangriff auf die Brücke bei **Breitenhagen/ST** zurück. Teile des RCT 320 nehmen **Dornbock/ST** westlich der **Elbe** und das RCT 330 setzt die Säuberung des **Harzes** fort. Das CCB der 8th US AD rückt in den Wäldern südlich von **Derenburg/ST** vor und säubert sie bis zur Straße **Langenstein/ST – Heimburg/ST**. Luftangriffe bezwingen die deutschen Truppen im **Forst Heimburg**.

1st US Army, VII. US Corps – Die 3rd US AD setzt die Säuberung ihres Abschnittes fort und stellt an der linken den Kontakt mit dem XIX. US Corps her. Das CCB beendet den Rückzug aus dem **Mulde**-Brückenkopf bei **Törten/ST**. Das CCR setzt, verstärkt durch das 83rd Armd Rcn Bn und Teile des CCA die Sicherung des Abschnittes **Jessnitz – Wolfen – Greppin** (alle **ST**) an der rechten Divisionsflanke fort und erreicht **Reuden/ST** und **Thalheim/ST**. Die TF Kelleher der 104th US InfDiv setzt den Kampf im Südteil von **Halle/ST** fort und besetzt den größten Teil der Stadt. Die 1st US InfDiv geht im **Harz** weiter nach Osten und Nordosten und stellt den Kontakt zur 9th US Army her. Die 9th US InfDiv überrennt mit dem RCT 60 **Mägdesprung/ST** und **Friedrichsbrunn/ST**, dem RCT 47 **Meisdorf/ST** und **Opperode/ST** und beginnt den Angriff auf **Ballenstedt/ST**. Ihre TF X aus dem RCT 39 und der 4th CavGp erreicht an der rechten Seite der Division **Quedlinburg/ST**.

1st US Army, V. US Corps – Die 2nd und 69th US InfDiv beginnen mit dem koordinierten Angriff auf **Leipzig/SN**. Die 2nd US InfDiv drückt mit dem RCT 23 und 38 in den Westen in die Stadt und besetzt das Gebiet bis zur **Weißen Elster** und **Pleiße**. Die 69th US InfDiv greift mit dem RCT 273 von Südosten und Osten nach **Leipzig** hinein an. Das RCT 9, 2nd US InfDiv nimmt die deutschen Flakstellungen östlich von **Lützen/ST**. Das RCT 271 wird der 2nd US InfDiv unterstellt und rückt über **Zwenkau/ST** und **Eythra/ST** nach Norden auf **Leipzig** vor.

3rd US Army – Die 3rd US Army gruppiert sich für den Vorstoß nach Süden und Südosten in Richtung **Österreich** und der **Tschechoslowakei** um.

3rd US Army, XX. US Corps – Das Corps schwenkt mit drei Divisionen nach Süden zum VIII. US Corps und bewegt sich in den Raum **Bamberg/BY**. Die 80th US InfDiv übergibt ihre Stellungen bei **Chemnitz/SN** an die 76th US InfDiv und 4th US AD und die 76th InfDiv entlastet die 4th US AD.

3rd US Army, VIII. US Corps – Das Corps räumt die Haltelinie des Corps und übernimmt den Abschnitt des XX. US Corps und der 4th und 6th US AD sowie der 76th US InfDiv. Die 6th US AD und 76th US InfDiv halten ihre Positionen entlang der Haltelinie und die 76th US InfDiv beginnt mit der Entlastung der 4th US AD. Die 89th US InfDiv erweitert mit dem 355th und 354th InfRgt den Brückenkopf über die **Zwickauer Mulde** und überrennt **Zwickau/SN** und **Wilkau/SN**. An der linken Seite wird der Kontakt zur 76th US InfDiv hergestellt. Das 353rd InfRgt besetzt an der rechten Divisionsflanke östlich der **Autobahn Plauen – Chemnitz** eine Anzahl von Orten. Die 6th CavGp versammelt sich an der rechten Flanke des Corps und entlastet Teile der 90th US InfDiv des XII. US Corps.

3rd US Army, XII. US Corps – Das Corps gruppiert sich weiter um und bereitet sich auf den Angriff südwärts in Richtung **Cham/BY** vor. Die 2nd CavGp bewegt sich nach Ablösung von Elementen der 90th US InfDiv nach Norden zur linken Grenze des Corps, wo Kontakt mit dem VIII. US Corps besteht und sendet Patrouillen in Richtung **Tschechoslowakei** aus.

Donnerstag, 19. April 1945

9th US Army, XIII. US Corps – Die 5th US AD bekämpft deutsche Truppen, die versuchen, durch ihren Abschnitt zu fliehen. Die 44th CavRcnSq der 11th CavGp rückt durch den **Forst Klötze/ST** in Richtung **Harz** vor, um die Stärke der deutschen Truppen festzustellen.

9th US Army, XIX. US Corps – Das Corps behauptet die Verteidigungsstellungen an der **Elbe**. Die 113th CavGp schließt an der rechten Flanke des Corps von **Breitenhagen/ST** südwärts zur **Elbe** auf. Das RCT 320 der 83rd US InfDiv wird aus der Unterstellung gelöst, nachdem es an der Nordflanke des Brückenkopfes das CCR der 2nd US AD entlastet hat. Die 83rd US InfDiv verbessert seine Positionen östlich der Elbe und durchkämmt den **Harz** an der rechten Rückseite. Die 8th US AD kommt unter Kontrolle des Corps und das CCA und CCB bereiten sich auf die Einnahme des Bereiches **Blankenburg/ST** am Ostrand des **Harzes** vor.

1st US Army, VII. US Corps – Das CCR der 3rd US AD bemüht sich, die deutschen Truppen aus **Bobbau-Steinfurth/ST** und **Wolfen/ST** zu vertreiben und besetzt beide Orte teilweise. Teile des CCA und CCB gewinnen in der Nähe von **Törten/ST** an Boden und Elemente des CCA besetzen eine Anzahl von Orten nördlich von **Köthen/ST**. Die TF Kelleher der 104th US InfDiv beendet die Eroberung von **Halle/ST** und nimmt dann **Radewell/ST** und **Dieskau/ST**. Das RCT 413 geht durch das RCT 415, greift in Richtung **Delitzsch/SN** an und erreicht **Zschernitz/SN**. Das RCT 415 verbessert seine Stellungen in der Nähe von **Bitterfeld/ST**, und besetzt **Petersroda/ST**, östlich von **Roitzsch/ST**. Die 1st US InfDiv nimmt mit dem RCT 16 **Elbingerode/ST, Hüttenrode/ST** und dem RCT 18 den Südteil von **Thale/ST**. Der organisierte Widerstand im Abschnitt der 9th US InfDiv endet, als die Division die Nordgrenze des Corps erreicht und Kontakt mit benachbarten Einheiten herstellt. Die TF X wird aufgelöst.

1st US Army, V. US Corps –Die 2nd und 69th US InfDiv beenden die Einnahme von **Leipzig/SN**.

3rd US Army, VIII. US Corps – Das Corps konsolidiert sich entlang der Haltelinie und patrouilliert nach Osten. Die Grenze an der rechten Seite verändert sich und erstreckt sich nun entlang der **bayrischen Nordgrenze** bis zur **tschechoslowakischen Grenze**. Die 6th CavGp setzt ihre Patrouillen in Richtung **Tschechoslowakei** fort. Die 4th US AD versammelt sich als Reserve des Corps.

3rd US Army, XX. US Corps – Das Corps setzt den Angriff nach Süden fort. Die 26th US InfDiv rückt zur Linie **Tröstau/BY – Birk/BY** vor und die 90th US InfDiv drang über **Rehau/BY** in Richtung **Selb/BY** vor und erreicht an der Rechten **Wunsiedel/BY**.

3rd US Army, XII. US Corps – Das Corps erteilt den Befehl für den letzten Angriff in Richtung **Österreich**. Die 80th US InfDiv versammelt sich und beginnt mit dem Ausbildungs- und Rehabilitationsprogramm.

Freitag, 20. April 1945

9th US Army, XIII. US Corps – Die 29th US InfDiv greift an der linken Corpsflanke mit dem RCT 115 an der linken und dem RCT 116 an der rechten Seite, nach Nordosten in Richtung der **Elbe** an und erreicht die Linie **Esterholz – Schostorf – Wittingen** (alle **NI**). Die 5th US AD erreicht Positionen zum Angriff rechts der 29th US InfDiv. Die 36th CavRcnSq unterstützt die 44th CavRcnSq der 11th CavGp im **Forst Klötze/ST**.

9th US Army, XIX. US Corps – Die 8th US AD greift mit dem CCA im Westen und dem CCB im Osten den Ostrand des **Harzes** an, entlastet das RCT 330 der 83rd US InfDiv und nimmt **Heimburg/ST** und **Blankenburg/ST**. Die 30th US InfDiv sichert den Abschnitt an der **Elbe** bei **Magdeburg/ST** und entlastet die 2nd US AD. Die 2nd US AD wird im Südteil von **Magdeburg** und entlang der **Elbe** bei **Schönebeck/ST** abgelöst und bewegt sich in ihre Besatzungszone südlich von **Braunschweig/NI**, wo sie Elemente der 8th US AD ablöst. Das CCR kehrt von seiner Abstellung zur 83rd US InfDiv zurück. Die 113th CavGp wird von ihrer Sicherungsmission an der Flanke entlastet, als das VII. US Corps der 1st US Army die rechte Seite der **Elbe** erreicht hat und bleibt aber am Westufer der Elbe von **Breitenhagen/ST** ab südwärts.

1st US Army, VII. US Corps – Das CCR der 3rd US AD nimmt **Bobbau-Steinfurth/ST**, den Westteil von **Jessnitz, Wolfen** und **Greppin** (alle **ST**) und Teile erreichen **Kleinkühnau/ST**, westlich von **Dessau/ST**. Die 3rd US AD bereitet sich auf einen konzertierten Angriff auf **Dessau** vor. Die 104th US InfDiv beginnt an seiner linken Flanke mit dem RCT 415 den Angriff auf **Bitterfeld/ST** und besetzt über ein Drittel der Stadt. Im Zentrum der Division erreicht das RCT 413 **Delitzsch/SN** und an der rechten Flanke stößt das RCT 414 über **Rackwitz/SN** und **Schladitz/SN** hinaus. Der organisierte Widerstand im **Harz** endet und die 1st und 9th US InfDiv säubern das Gebiet.

1st US Army, V. US Corps – Die 2nd und 69th US InfDiv beginnen mit der Ablösung der 9th US AD. Teile des CCB nehmen **Krostitz/SN**.

3rd US Army, VIII. US Corps – Das VIII. US Corps behauptet seine Positionen und patrouilliert aktiv vor der Front.

3rd US Army, XII. und **XX. US Corps** – Die Corps setzen ihre Angriffe nach Süden zur **Donau** und Südosten in Richtung **tschechische Grenze** fort.

Samstag, 21. April 1945

Die **1st** und **9th US Army** beenden weitestgehend die Säuberung des **Harzes**.

9th US Army, XIII. US Corps – Die 29th US InfDiv erreicht die allgemeine **Linie Gülden – Dalldorf – Solkau – Grielau – Erpensen** (alle **NI**). Die 5th US AD rückt zur **Linie Dähre/ST – Salzwedel/ST** vor. Das CCA erreicht an der linken Flanke den Raum **Gaddau/NI**. Teile des CCR säubern die Wälder in der Nähe von **Bombeck/ST**, während andere auf der **Straße Salzwedel/ST – Lüchow/NI** bis **Saaße/NI** vordringen. Die 84th US InfDiv greift an, um den Abschnitt **Wahrenberg/ST – Pretzetze/NI** an der **Elbe** zu nehmen und erreicht die **Linie Gorleben – Gartow – Kapern** (alle **NI**). Die 11th CavGp und das RCT 175 der 29th US InfDiv zerschlagen die deutschen Truppen im **Forst Klötze/ST**.

9th US Army, XIX. US Corps – Im **Elbe-Brückenkopf** entlastet die 83rd US InfDiv das RCT 320 durch das 330th InfRgt und das RCT 320 kehrt zur 35th US InfDiv zurück. Die 8th US AD beendet die Säuberung des **Harzes** und erreicht die Trennungslinie zur 1st US Army bei **Kloster Michaelstein/ST** und **Cattenstedt/ST**. Elemente der 2nd US AD beginnen mit dem Durchkämmen des **Forstes Königslutter/NI**.

1st US Army, VII. US Corps – Die 3rd US AD beginnt den Angriff auf **Dessau/ST**. Während das CCA nach Nordosten durch **Alten/ST** nach **Dessau** vordringen, säubert das CCR **Klein- und Großkühnau/ST**, westlich der Stadt, und eine Task Force des CCB rückt von Süden in die Stadt vor, wo sie kurz vor CCA eintrifft. Andere Elemente der 3rd US AD setzen an der rechten Divisionsflanke die Säuberung entlang der Mulde fort. Die 104th US InfDiv beendet die Einnahme ihres Abschnittes bis zur **Mulde-Linie** und besetzt **Bitterfeld/ST** und **Delitzsch/ST** vollständig. Die 1st und 9th US InfDiv säubern im **Harz** und die 9th US InfDiv beginnt mit der Vorbereitung zur Verlegung an die **Mulde**, um Elemente der 3rd US AD abzulösen.

1st US Army, V. US Corps – Die 2nd und 69th US InfDiv beenden die Ablösung der 9th US AD an der **Mulde**. Die 9th US AD geht bei **Borna/SN – Taucha/SN** in die Reserve. Das RCT 271 der 69th US InfDiv beginnt mit dem Angriff auf **Eilenburg/(SN)**.

3rd US Army, VIII. US Corps – Die 28th CavRcnSq der 6th CavGp beendet die Einnahme der rechten Corpsflanke bis zur **tschechischen Grenze** und erreicht die Kreuzung bei **Roßbach [Hranice]** und **Gottmannsgrün [Trojmezí]**.

Sonntag, 22. April 1945

9th US Army, XIII. US Corps – Die 29th US InfDiv und 5th US AD setzen ihren Vormarsch in Richtung **Elbe** fort. Das CCA dringt zur **Straße Lüneburg/NI – Dannenberg/NI** bis westlich von **Metzingen/NI** vor und eine Kolonne geht durch **Metzingen/NI** bis nach **Pussade/NI**, eine andere nach Westen bis **Göhrde/NI** und nach Nordosten bis **Wietzetze/NI**. An der Linken wird der Kontakt mit den Briten hergestellt. Das CCR nimmt **Lüchow/NI** und rückt weiter in Richtung **Dannenberg/NI** vor. Die 84th US InfDiv beendet die Einnahme ihres Abschnittes entlang der **Elbe**, nordwestlich von **Wittenberge/BB**.

9th US Army, XIX. US Corps – Die 113th CavGp übernimmt die Verantwortung für die linke Flanke im Abschnitt der 83rd US InfDiv westlich der **Elbe**. Die 2nd US AD säubert den **Forst Königslutter/NI** von den Resten versprengter deutscher Truppen. Dem Corps wird eine Besatzungszone zugeteilt. Während die 30th und 83rd US InfDiv in ihren Stationierungsbereichen entlang der **Elbe** verbleiben, übernehmen die 2nd und 8th US AD Abschnitte im Hinterland.

1st US Army, VII. US Corps – Das Corps beginnt mit der Umgruppierung, als sich der Kampf um **Dessau/ST** seinem Ende nähert. Die 3rd US AD besetzt **Dessau** bis auf einen deutschen Widerstandsherd im Nordosten der Stadt. Die 104th US InfDiv hält ihre Stellungen entlang der **Mulde** und gruppiert sich um. Die 8th US AD des XIX. US Corps beginnt mit der Entlastung der 1st US InfDiv im **Harz** und übernimmt das Kommando über den Abschnitt. Die 4th CavGp kehrt von der 9th US InfDiv unter die direkte Kontrolle des Corps zurück.

1st US Army, V. US Corps – Das CCB, 9th US AD versammelte sich in der Umgebung von **Rötha/SN** und übernimmt die Bewachung von Versorgungseinrichtungen. Die 2nd US InfDiv wehrt östlich der **Mulde** bei **Grimma/SN** einen deutschen Gegenangriff ab und säubert die Wälder in diesem Gebiet. Das RCT 271, 69th US InfDiv setzt die Einnahme von **Eilenburg/ST** fort.

1st US Army, VIII. US Corps – Das Corps geht von der Unterstellung unter die 3rd US Army unter der Kontrolle der 1st US Army und erhält den Auftrag, seine Frontlinie zu halten, die Südflanke der Armee zu schützen und den Kontakt zur 3rd US Army zu halten. Die 4th US AD geht unter die Kontrolle der 1st US Army.

3rd US Army, XII. US Corps – Die 2nd CavRcnSq der 2nd CavGp schirmt den Bereich **Asch [Aš] – Arzberg/BY** ab und die 42nd CavRcnSq erweitert ihren Abschnitt zur Abschirmung bis **Roßbach [Hranice]** und **Thonbrunn [Studánka]** in der **Tschechoslowakei**. Die 97th US InfDiv wird dem Corps unterstellt und beginnt mit der Entlastung der 2nd CavGp.

Montag, 23. April 1945

9th US Army, XIII. US Corps – Die 29th US InfDiv setzt ihren Vormarsch in Richtung der **Elbe** fort. Die 5th US AD beendet die Räumung ihres Abschnittes entlang der Elbe. Das CCR besetzt **Dannenberg/NI**.

1st US Army – Die 4th US AD geht aus der Reserve zur 3rd US Army.

1st US Army, VII. US Corps – Im Corpsbereich endet der deutsche Widerstand. Die 3rd US AD säubert den letzten Widerstandsherd im nördlichen Teil von **Dessau/ST**. Die 9th US InfDiv durchkämmt ohne ihr RCT 60 den **Harz**. Die 4th

CavGp beginnt im Raum **Quedlinburg – Aschersleben – Klostermansfeld** (alle **ST**) mit ihrem Sicherungsauftrag, der bis zum Ende des Krieges andauert.

1st US Army, V. US Corps – Das RCT 271, 69th US InfDiv beendet die Einnahme von **Eilenburg/SN**.

3rd US Army, XII. US Corps – Die 97th US InfDiv schließt auf und übernimmt die **Linie Asch [Aš] – Arzberg/BY**. Die 97th und 90th US InfDiv sowie die 2nd CavGp besetzten Positionen entlang der Grenze zur **Tschechoslowakei**.

Dienstag, 24. April 1945

9th US Army, XIII. US Corps – Die 5th US AD wird an der **Elbe** durch die 29th US InfDiv entlastet. Die 84th US InfDiv hält entlang des Flusses.

1st US Army, VII. US Corps – Die 9th US InfDiv übernimmt die Verantwortung über den Abschnitt der 3rd US AD entlang der **Mulde** und wird durch das CCA und CCR der 3rd US AD verstärkt.

1st US Army, V. US Corps – Die 2nd US InfDiv zieht sich unter Belassung von Vorposten und Brückenwachen vom Ostufer der **Mulde** zurück. **Wurzen/SN** ergibt sich dem RCT 273 der 69th US InfDiv.

1st US Army, VIII. US Corps – Die 6th US AD und 76th US InfDiv erhalten den Befehl, ihre Truppen vom Ostufer der **Mulde** abzuziehen, die Sicherungslinie der neuen Haltelinie am Fluss anzupassen und sich auf die Verteidigung einzustellen.

Mittwoch, 25. April 1945

9th US Army, XIII. US Corps – Das Corps beendet die Offensive und beginnt mit der Besatzungsphase. Die Linie an der **Elbe** werden von links nach rechts von der 29th, 84th und 35th US InfDiv gehalten. Die 5th US AD verlegt nach hinten und ihr CCB entlastet das RCT 407 der 102nd US InfDiv beim Schutz der Hauptversorgungsrouten. Das RCT 407 kehrt zur Division zurück.

1st US Army, VII. US Corps – Das RCT 39, 9th US InfDiv erreicht die **Mulde** und die Division beendet die Entlastung der 3rd US AD. Deren CCA und CCR kehren zur Division zurück.

1st US Army, V. US Corps – Eine Patrouille des 2nd Bn, 273rd InfRgt, 69th US InfDiv unter 1st Lt. Kotzebue stellt in **Strehla/SN** bei **Torgau/SN**, den ersten Kontakt zu den sowjetischen Truppen her. Kurz darauf kommt es zu einem zweiten Zusammentreffen einer Patrouille des 1st Bn, 273rd InfRgt unter 2nd Lt. Robertson mit sowjetischen Truppen in **Torgau**. Ein Bataillon des 271st InfRgt geht bei **Eilenburg/SN** über die **Mulde** und räumt **Kültzschau/SN** östlich des Flusses. Die 2nd US InfDiv behauptet ihre Positionen an der **Mulde** und patrouilliert östlich des Flusses.

1st US Army, VIII. US Corps – Die 6th US AD und 76th US InfDiv beenden den Rückzug vom Westufer der **Mulde** bis auf Vorposten, die östlich des Flusses bleiben, um das Patrouillieren zu unterstützen.

Donnerstag, 26. April 1945

9th US Army, XIII. US Corps – Elemente der 102nd US InfDiv entlasten die 35th US InfDiv an der **Elbe.** Die 35th US InfDiv verlegt in den Raum **Hannover/NI**. Das 175th InfRgt kehrt aus den Unterstellung unter das Corps zur 29th US InfDiv zurück und entlastet das 335th InfRgt der 84th US InfDiv an der **Elbe**.

1st US Army, VII. US Corps – Eine Patrouille der 104th US InfDiv stellt den Kontakt mit den sowjetischen Streitkräften bei **Pretzsch/ST** her. Die 3rd US AD geht in den Raum **Sangerhausen**, wo sie den Sicherungsauftrag übernimmt und mit einem Rehabilitations- und Ausbildungsprogramm beginnt.

1st US Army, V. US Corps – Bei **Torgau** kommt es zum festen Kontakt zwischen den amerikanischen und sowjetischen Streitkräften, als sich der Regimentskommandeur des 273rd InfRgt der 69th US InfDiv mit dem kommandierenden Offizier des 173. Regiments der 58. sowjetischen Gardedivision trifft. Das 272nd InfRgt der 69th US InfDiv übernimmt die Sicherung eines Korridors entlang der Straße **Eilenburg/SN – Torgau/SN**.

Freitag, 27. April 1945

1st US Army – Die 1st US InfDiv geht vom VII. US Corps zum VIII. US Corps und bereitet sich vor, den Abschnitt des VIII. US Corps nach Süden auf **tschechisches Gebiet** zu erweitern und die 97th US InfDiv des XII. US Corps zu entlasten.

Samstag, 28. April 1945

9th US Army, XIX. US Corps – Das 329th InfRgt der 83rd US InfDiv besetzt die Stadt **Zerbst/ST**, östlich von der **Elbe**.

1st US Army, VII. US Corps – Das Corps übernimmt das Kommando über den Abschnitt des V. US Corps, sowie die 2nd und 69th US InfDiv und 9th US AD.

Sonntag, 29. April 1945

9th US Army, XIX. US Corps – Die 125th CavRcnSq der 113th CavGp geht nach **Zerbst** und sendet Patrouillen zur Herstellung des Kontaktes mit den sowjetischen Streitkräften aus.

1st US Army, VII. US Corps – Das Corps hält seine Positionen aufrecht, patrouilliert und gruppiert sich um. Die 9th US InfDiv verschiebt sich nach rechts, um das 415th InfRgt der 104th US InfDiv entlang der **Mulde** zu entlasten. Die CCA und CCR der 9th US AD beginnen mit der Verlegung in einen Versammlungsraum in der Umgebung von **Jena/TH**.

1st US Army, V. US Corps – Das Corps geht nach Süden in eine neue Zone.

1st US Army, VIII. US Corps – Die 1st US InfDiv beendet die Entlastung der 97th US InfDiv an der linken Flanke des XII. US Corps und übernimmt die Verantwortung für ihren Abschnitt.

Montag, 30. April 1945

9th US Army, XIX. US Corps – Die 125th CavRcnSq der 113th CavGp stellt bei **Apollensdorf/Wittenberg/ST** den Kontakt zur 121. Sowjetischen Schützendivision her.

1st US Army – Der CG der 1st US Army trifft sich mit dem Komm.Gen. der 5. sowjetischen Gardearmee am Ostufer der **Mulde** bei **Eilenburg/SN**.

1st US Army, VII. US Corps – Die 9th US AD geht aus der Unterstellung unter das Corps in die SHAEF-Reserve. Das Corps bleibt aber weiter verantwortlich für die Versorgung und Führung der Division. Das 415th InfRgt der 104th US InfDiv entlastet das 271st InfRgt der 69th US InfDiv.

1st US Army, V. US Corps – Das Corps übernimmt die Verantwortung für die neue Zone an der rechten Seite des VIII. US Corps entlang der **tschechoslowakischen Grenze**. Dem Corps wird die 1st und 97th US InfDiv des VIII. und XII. US Corps unterstellt. Die 1st US InfDiv hält gemeinsam mit der 6th CavGp an der Linken und der 97th US InfDiv an der Rechten, die **Linie Eger [Cheb] – Adorf/SN**.

Dienstag, 1. Mai 1945

9th US Army – Die 9th US Army beendet ihre offensiven Operationen, sichert ihre Stellungen an der Elbe mit dem XIII. US Corps links und dem XIX. US Corps rechts, und setzt ihren Besatzungsauftrag fort. Die Grenzen werden allmählich den deutschen politischen Grenzen angepasst.

1st US Army – Die 1st US Army hält eine Front vom Zusammenfluss der **Elbe** und **Mulde** bei **Dessau/ST** im Norden bis nach **Ronsperk** (**Tschechoslowakei**) im Süden.

1st US Army, V. US Corps – Im Abschnitt des Corps schwenkte die 97th US InfDiv entlang der deutsch-tschechischen Grenze an der rechten Flanke des Corps und der Armee ein und führt begrenzte Angriffe.

Mittwoch, 2. Mai 1945

9th US Army, XIII. US Corps –Das Corps stellt seinen ersten Kontakt zur Roten Armee her. Eine Patrouille der 84th US InfDiv trifft in der Umgebung von **Balow/MV** auf die Rote Armee und am Abend stellt eine Patrouille der 29th US InfDiv den Kontakt zur Roten Armee her.

1st US Army, V. US Corps – Die 1st und 97th US InfDiv verbessern mit begrenzten Angriffen ihre Positionen entlang der tschechischen Grenze. Die 2. Division vom VII Corps zum V Corps überstellt und begann mit der Ablösung der 97. Division und der 90. Division des XII Corps.

1st US Army, VII. US Corps – Die 2nd US InfDiv wird dem V. US Corps unterstellt und löst die 97th US InfDiv und die 90th US InfDiv des XII. US Corps, 3rd US Army ab.

Donnerstag, 3. Mai 1945

21st AGr – Field Marshal Montgomery lehnt das Angebot einer deutsche Delegation zur Übergabe aller deutschen Streitkräfte im Nordraum zu übergeben, einschließlich derer, die gegen die Roten Armee gekämpft haben.

1st US Army – Im Abschnitt des V. US Corps schließt die 2nd US InfDiv in der Corpszone auf und setzte die Entlastung der 97th US InfDiv, des Corps und der 90th US InfDiv des XII. US Corps fort.

Freitag, 4. Mai 1945

21st AGr – Die deutschen Truppen unterzeichnen die Kapitulationsurkunde der bewaffneten Kräfte in Holland, Nordwestdeutschland und Dänemark mit Wirksamkeitszeitpunkt, 5. Mai 1945, 08.00 Uhr.

9th US Army, XIII. US Corps – Der CG XIII. US Corps trifft sich mit dem Kdr. des 3. sowjet. Kav.K. Die 29th US InfDiv wird dem XVI. US Corps unterstellt.

1st US Army – Die 1st Army beginnt mit der Übergabe ihrer Truppen an andere Verbände in Vorbereitung der Verlegung in den Pazifik.

1st US Army, V. US Corps – Dem Corps werden die 9th und 16th US AD zur finalen Fahrt nach **Karlsbad [Karlovy Vary]** und **Pilsen [Plzeň]** unterstellt und des wechselt um 19.30 Uhr unter die 3rd US Army. Die 9th US AD versammelt sich in der Umgebung von **Weiden/BY** und gibt ihr CCA an die 1st US InfDiv für die Fahrt nach **Karlsbad [Karlovy Vary]** ab. Die 16th US AD wird von ihrem Sicherungsauftrag in **Nürnberg/BY** von der 4th US InfDiv abgelöst und beginnt mit der Verlegung in den Raum **Waidhaus/BY**.

Samstag, 5. Mai 1945

9th US Army, XIX. US Corps – Die 83rd US InfDiv zieht sich in Erwartung der bevorstehenden Ankunft der Roten Armee aus ihrem **Elbe**-Brückenkopf zurück. Die 30th US InfDiv stellte an der **Elbe** den Kontakt zu den sowj. Truppen her.

1st US Army, VIII. US Corps – Das Corps erhält den Auftrag zum Schutz der linken Flanke der V. US Corps und bewegt hierfür seine rechte Flanke zur Linie **Stollberg/SN – Schwarzenberg/SN**.

3rd US Army, V. US Corps – Die 1st US InfDiv bereitet sich auf die Fahrt nach **Karlsbad [Karlovy Vary]** vor und verbesserte mit begrenzten Angriffen ihres 18th InfRgt seine Stellungen nahe **Eger [Cheb]**. Die 97th US InfDiv greift in Richtung **Pilsen [Plzeň]** an, nimmt **Neudorf II [Trstênice]**, **Kuttenplan [Chodová Planá]**, **Plan [Planá]** und **Haid [Bor]** ein und klärt **Mies [Stribro]** auf.

6th AGr – In **Süddeutschland** enden die Feindseligkeiten, als die H.Gr. G mit der 1. und 19, Armee bei **Haar/BY** die alliierten Übergabebedingungen akzeptiert. Die Kapitulation tritt am Mittag des 6. Mai 1945 in Kraft.

Sonntag, 6. Mai 1945

9th US Army – Die 9th US Army übernimmt um 18.00 Uhr die Kontrolle über das VII. und VIII. US Corps von der 1st US Army.

9th US Army, XIX. US Corps – Die 83rd US InfDiv beendet den Rückzug aus dem **Elbe**-Brückenkopf und übergibt ihren Abschnitt an die 30th US InfDiv, der die 113th CavGp unterstellt wird. Mit der Ankunft der sowjetischen Truppen im **Elbe**-Abschnitt der 30th US InfDiv endet um 17.00 Uhr jeglicher Feindkontakt.

1st US Army, VIII. US Corps – Die 6th CavGp und 87th US InfDiv beginnen mit dem Angriff und die 6th CavGp besetzen **Adorf, Markneukirchen** und **Klingenthal** (alle **SN**). Die 87th US InfDiv nimmt **Rodewisch, Falkenstein, Auerbach** und **Tannenbergsthal** (alle **SN**). An der Nordflanke des Corps stellt die 6th US AD bei **Waldheim** den Kontakt zur 147. sowjet. Garde-Schützendivision her. Um 18.00 Uhr geht das Corps unter die Kontrolle der 3rd US Army.

3rd US Army, V. US Corps – Die 1st US InfDiv rückt in breiter Front an der linken Corpsflanke in Richtung **Karlsbad [Karlovy Vary]** vor. Das 26th InfRgt nimmt an der Linken **Schönbach [Krásná]**, das 16th InfRgt im Zentrum; **Kynšperk [Königsberg]** und das 18th InfRgt an der Rechten **Sangerberg [Promeny]** und **Einsiedl [Mnichov]**. Das CCA, 9th US AD greift durch die Linien des 16th InfRgt entlang der Straße **Eger [Cheb] – Falkenau [Falknov]** an und erreicht mit den Spitzen **Rudoletz [Rudolec]**. Die 16th US AD führt an der rechten Corpsflanke durch die Linien der 97th US InfDiv den Angriff in Richtung **Pilsen [Plzeň]** an. Ihr CCB rückt in der Hauptrichtung auf der **Straße Bor – Pilsen** vor und erobert **Pilsen [Plzeň]**. Das CCR fuhr durch **Pilsen [Plzeň]** zur Anhöhe östlich der Stadt. Die 97th US InfDiv erreicht ihre zugewiesenen Ziele.

3rd US Army, XII. US Corps – Das Corps eröffnete die Fahrt nach **Prag**. .

Montag, 7. Mai 1945

Das deutsche Oberkommando unterzeichnet in **Reims/Frankreich** die Kapitulationsurkunde. Die Kapitulation tritt am 9. Mai 1945 ab 00.01 Uhr in Kraft.

9th US Army – Truppen der 1. Belorussischen Front erreichen die **Elbe bei Magdeburg/ST**.

Dienstag, 8. Mai 1945

Der amerikanische Präsident Harry S. Truman proklamiert den 8. Mai 1945 als **Tag des Sieges in Europa**.

Mittwoch, 9. Mai 1945

Um 00.16 Uhr erfolgt am Sitz des Oberkommandierenden der Roten Armee in Deutschland in **Berlin-Karlshorst** die Kapitulation durch das OKW sowie die Oberbefehlshaber von Heer, Luftwaffe und Kriegsmarine. Auf dem europäischen Kriegsschauplatz enden alle Feindseligkeiten.

***

4. Hauptquellenverzeichnis

Military Studies, Historical Division USAREUR/OCMH, Washington 25. D.C., Bestand National Archives (NARA) College Park, Washington D.C.

A-893	Gen.Maj. Frhr. v. Gersdorff, Chef d. Stabes 7. Armee, „Die Endphase des Krieges – Vom Rhein zur tschechoslowakischen Grenze“
B-219	Gen.d.Pz.Tr. Maximilian Reichsfreiherr v. Edelsheim - Bericht über die Tätigkeit des deutschen XXXXVIII. PzK beim amerikanischen Feldzug in Mitteldeutschland vom 11.04.–03.05.45
B-394	Gen.d.Pz.Tr. Walter Wenck – An beiden Ufern der Elbe, 12. Armee, 11.4. bis Mai 1945
B-581	Oberst Fritz Estor – Kämpfe der 11. Armee April 1945 in Mitteldeutschland
B-507	Gen.d.Inf. Petersen, Komm.Gen. Gen.Kdo. XC.AK; „Kämpfe vom 20.3.45 bis 6.5.45“
B-606	Oberst Günther Reichhelm, Chef d. Gen.Stabs 12. Armee, „Das letzte Aufgebot (Kämpfe der deutschen 12. Armee im Herzen Deutschlands 13.4.–7.5.45)
B-703	Oberst i.G. Horst Wilutzky, Ia der H.Gr. G, „Der Kampf der H.Gr. G im Westen - Abschlusskämpfe in Mittel- und Süddeutschland bis zur Kapitulation vom 22.03.–06.05.45“

Literatur

- Bedessem, Edward N.: “Central Europe – The U.S. Army Campaigns of World War II”, U.S. Army Center of Military History CMH-Pub 72-36
- Gellermann, Günther W. (1997): „Die Armee Wenck - Hitlers letzte Hoffnung“, Bernard & Graefe Verlag Bonn
- Grille, Dietrich/August Wilhelm Kaiser (Hrsg) (1988/89): „Thüringen unter dem Sternenbanner April bis Juni 1945“, Kultur und Geschichte Thüringens, Landeskundliches Jahrbuch für Deutschland, Bd. 8/9
- Henke, Klaus-Dietmar (1996): „Die amerikanische Besetzung Deutschlands“, R. Oldenbourg Verlag, München
- Herrmann, Gottfried (1999): „...Wittenberg brennt“ – Das Kriegsende in der Lutherstadt Wittenberg, den Städten und Dörfern des Fläming und der Elbaue, Drei Kastanien Verlag
- Hubatsch, Walter (1965): „Hitlers Weisungen für die Kriegsführung 1939–1945“, Deutscher Taschenbuch Verlag GmbH & Co. KG, München
- Keilig, Wolf (1956): „Das Deutsche Heer 1939–1945“, Podzun-Pallas-Verlag Bad Nauheim
- Kershaw, Ian (2013): „Das Ende – Kampf bis in den Untergang NS-Deutschland 1944/45“, Pantheon Verlag
- Kesselring, Albert, Generalfeldmarschall a.D. (2000): „Soldat bis zum letzten Tag“, Verlag S. Bublis Schnellbach
- Kunz, Andreas (2005): „Wehrmacht und Niederlage“, Schriftreihe des MGFA, Band 64, R. Oldenbourg Verlag, München
- Knopp, Guido (1998): „Der verdammte Krieg – Kriegsende 1943–45“, C. Bertelsmann Verlag GmbH, München 1991, Sonderausgabe
- Liddell Hart, Basil H.: „Geschichte des Zweiten Weltkriegs“, Westend Verlag, Sonderausgabe
- MacDonald, Charles B. (1993): “United States Army in World War II - The E.T.O – The last offensive”, Chapter XVII, Sweep to the Elbe, Center of Military History, Washington D.C.
- Mehner, Kurt (1984): „Die Geheimen Tagesberichte der Wehrmachtsführung im Zweiten Weltkrieg 1939–1945“, Bd.12 1.1.45–8.5.45, Biblio Verlag Osnabrück

- Mehner, Kurt (1993): „Die Deutsche Wehrmacht 1939–1945 – Führung und Truppe“, Militair-Verlag Klaus D. Patzwall Norderstedt
- Niedersen, Dr. Uwe (2008): „Soldaten an der Elbe“, hrsg. Förderverein Europa Begegnungen e.V. und Sächsische Landeszentrale für politische Bildung
- Schramm, Percy E.: „KTB des OKW (WFSt) 1940–1945 geführt v. Helmuth Greiner u. Percy E. Schramm, KTB des OKW (WFSt) 01. 01.1944–22.05.1945“, Band 4, Bernard & Graefe Verlag GmbH & Co. KG, Bonn
- Stahl, Friedrich, Gen.Lt. a.D. (1954): „Heereseinteilung 1939“, Verlag Hans-Henning Podzun Bad Nauheim
- Stanton, Shelby L. (1985): “Order of Battle U.S. Army in World War II” v., Presidio Press, Novato CA
- Tessin, Georg (1972–79): „Verbände und Truppen der deutschen Wehrmacht und Waffen-SS 1939–1945“, Bd. 1–15, , Biblio Verlag Osnabrück
- Williams, Mary H. (1960): “United States Army in World War II - Special Studies, Chronology 1941–1945”, compiled by Office of the Chief of Military History, Department of the Army, Washington D.C.
- „Kriegsende 1945 in Deutschland“, Schriftreihe des MGFA, Band 55, R. Oldenbourg Verlag, München, 2002
- Goebbels Tagebücher 1945 – Die letzten Aufzeichnungen“, Lizenzausgabe mit Genehmigung des Hoffmann & Campe Verlag Hamburg
- „Das Deutsche Reich und der Zweite Weltkrieg“, Beiträge zur Militär- und Kriegsgeschichte, Bd. 5/2 Organisation und Mobilisierung des Deutschen Machtbereichs, Bd. 7 Das Deutsche Reich in der Defensive, Bd. 9/2 Die deutsche Kriegsgesellschaft 1939–1945, Hrsg. MGFA Potsdam, Deutsche Verlags-Anstalt Stuttgart, 1999

5. Übersichtskarte über die Abschnitte der Armeen und Corps der US Army in Mitteldeutschland

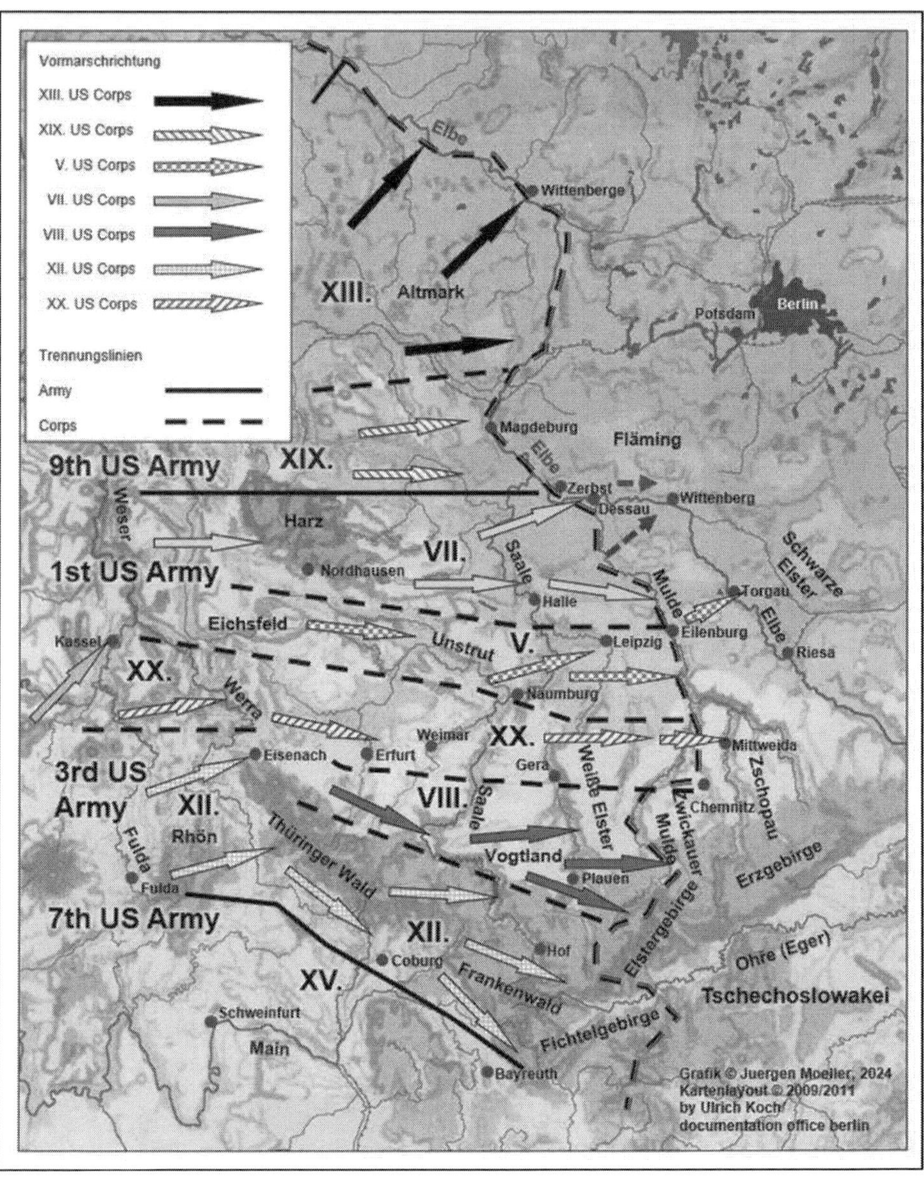

6. Die Gliederung der US Army in Mitteldeutschland

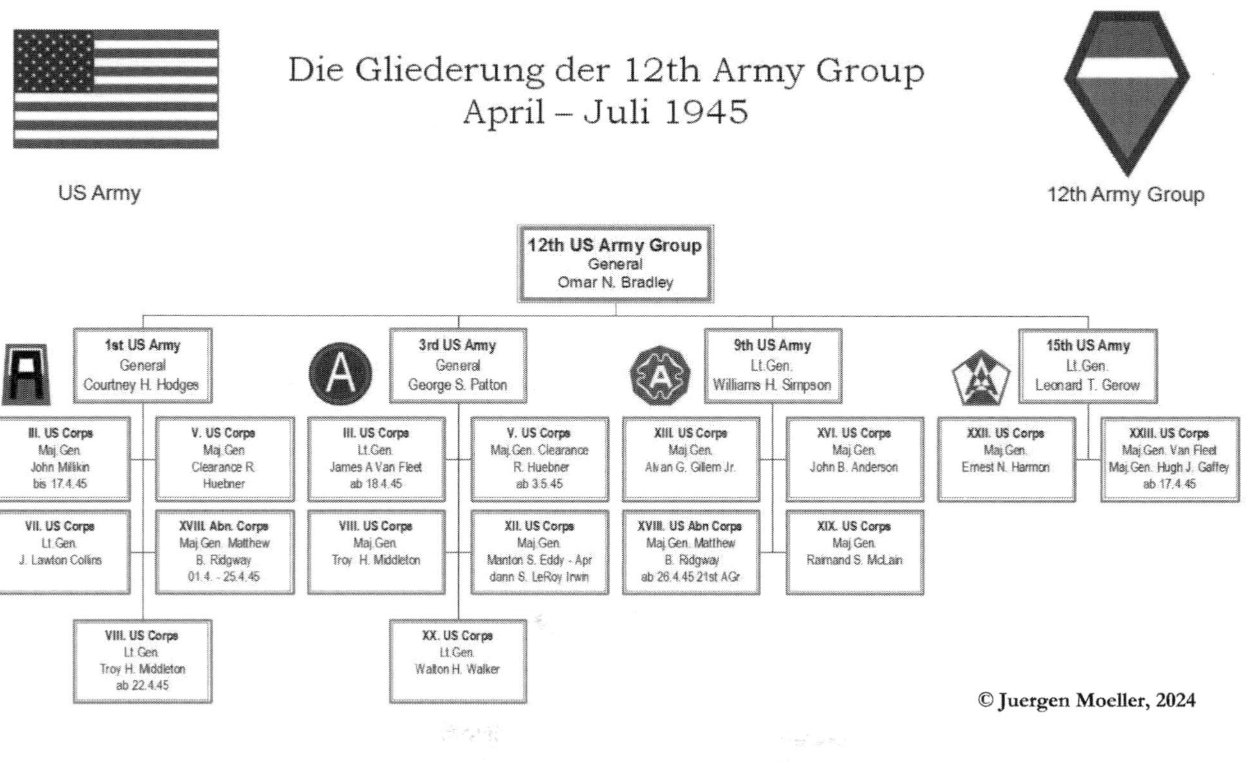

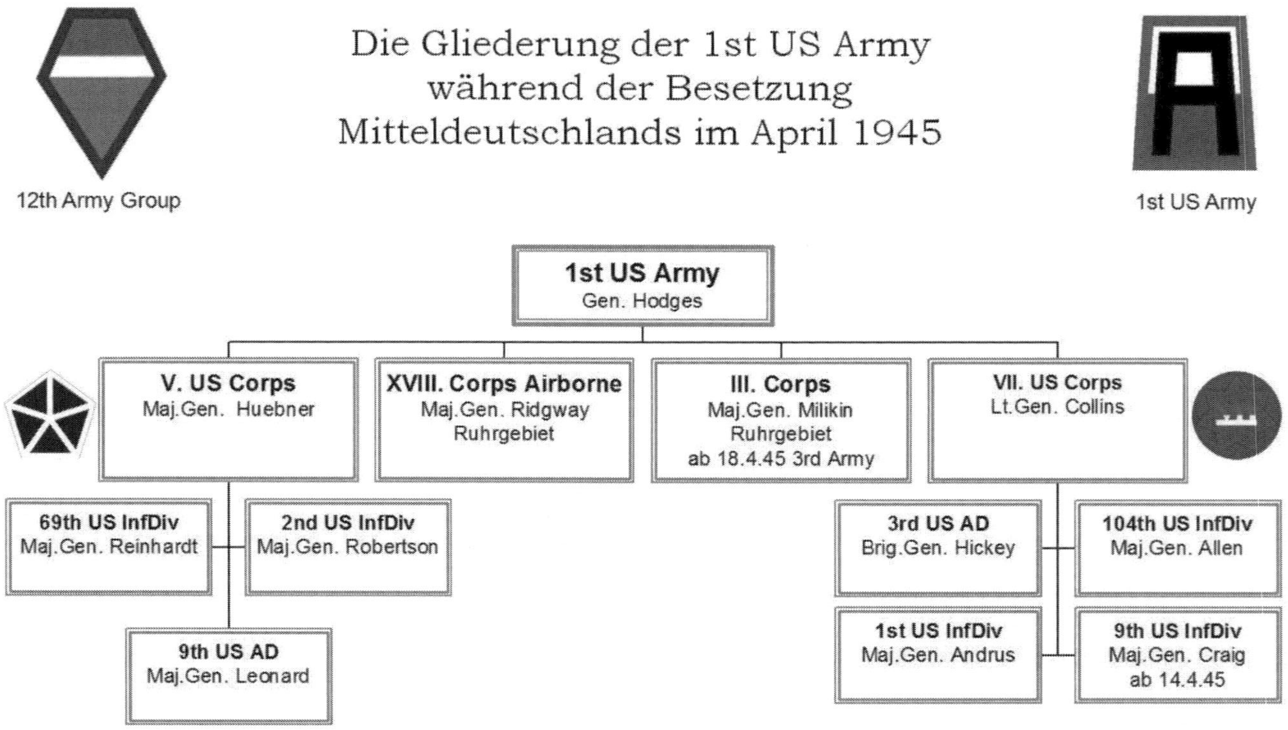

Die Gliederung der 1st US Army während der Besetzung Mitteldeutschlands im April 1945

12th Army Group

1st US Army

1st US Army
Gen. Hodges

- **V. US Corps** – Maj.Gen. Huebner
  - **69th US InfDiv** – Maj.Gen. Reinhardt
  - **2nd US InfDiv** – Maj.Gen. Robertson
  - **9th US AD** – Maj.Gen. Leonard
- **XVIII. Corps Airborne** – Maj.Gen. Ridgway, Ruhrgebiet
- **III. Corps** – Maj.Gen. Milikin, Ruhrgebiet, ab 18.4.45 3rd Army
- **VII. US Corps** – Lt.Gen. Collins
  - **3rd US AD** – Brig.Gen. Hickey
  - **104th US InfDiv** – Maj.Gen. Allen
  - **1st US InfDiv** – Maj.Gen. Andrus
  - **9th US InfDiv** – Maj.Gen. Craig, ab 14.4.45

3rd US Army

Die Gliederung der 3rd US Army während der Besetzung Mitteldeutschlands im April 1945

12th Army Group

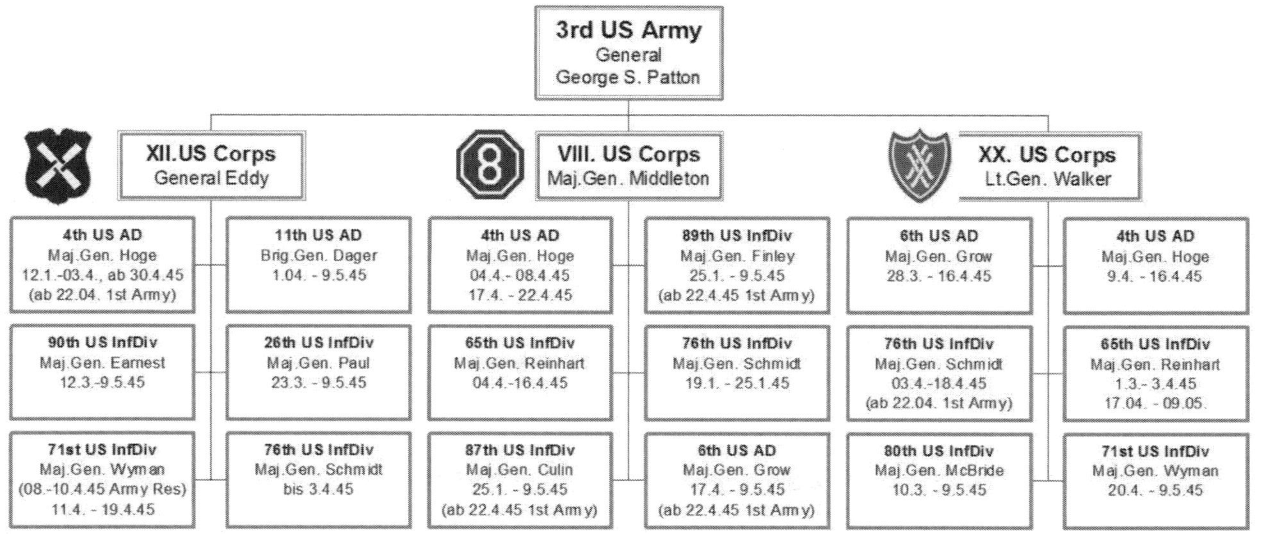

3rd US Army
General
George S. Patton

XII.US Corps General Eddy		**VIII. US Corps** Maj.Gen. Middleton		**XX. US Corps** Lt.Gen. Walker	
4th US AD Maj.Gen. Hoge 12.1.-03.4., ab 30.4.45 (ab 22.04. 1st Army)	**11th US AD** Brig.Gen. Dager 1.04. - 9.5.45	**4th US AD** Maj.Gen. Hoge 04.4.- 08.4.45 17.4. - 22.4.45	**89th US InfDiv** Maj.Gen. Finley 25.1. - 9.5.45 (ab 22.4.45 1st Army)	**6th US AD** Maj.Gen. Grow 28.3. - 16.4.45	**4th US AD** Maj.Gen. Hoge 9.4. - 16.4.45
90th US InfDiv Maj.Gen. Earnest 12.3.-9.5.45	**26th US InfDiv** Maj.Gen. Paul 23.3. - 9.5.45	**65th US InfDiv** Maj.Gen. Reinhart 04.4.-16.4.45	**76th US InfDiv** Maj.Gen. Schmidt 19.1. - 25.1.45	**76th US InfDiv** Maj.Gen. Schmidt 03.4.-18.4.45 (ab 22.04. 1st Army)	**65th US InfDiv** Maj.Gen. Reinhart 1.3.- 3.4.45 17.04. - 09.05.
71st US InfDiv Maj.Gen. Wyman (08.-10.4.45 Army Res) 11.4. - 19.4.45	**76th US InfDiv** Maj.Gen. Schmidt bis 3.4.45	**87th US InfDiv** Maj.Gen. Culin 25.1. - 9.5.45 (ab 22.4.45 1st Army)	**6th US AD** Maj.Gen. Grow 17.4. - 9.5.45 (ab 22.4.45 1st Army)	**80th US InfDiv** Maj.Gen. McBride 10.3. - 9.5.45	**71st US InfDiv** Maj.Gen. Wyman 20.4. - 9.5.45

Die Gliederung der 9th US Army während der Besetzung Mitteldeutschlands im April 1945

12th Army Group

9th US Army

9th US Army
Lt.Gen. Simpson

- **XIII. US Corps** – Lt.Gen. Gillem
  - **5th US AD** – Maj.Gen. Oliver
  - **84th US InfDiv** – Maj.Gen. Bolling
  - **35th US InfDiv** – Maj.Gen. Baade, ab 16.4.45
  - **17th Airborne** – Maj.Gen. Miley, bis 05.04.
  - **102nd US InfDiv** – Maj.Gen. Keating
  - **29th US InfDiv** – Maj.Gen. Gerhardt, ab 17.4.45
- **XVI. US Corps** – Maj.Gen. Anderson, Ruhrgebiet
- **XIX. US Corps** – Maj.Gen. McLain
  - **2nd US AD** – Maj.Gen. White
  - **83rd US InfDiv** – Maj.Gen. Macon
  - **95th US InfDiv** – Maj.Gen. Twaddle
  - **8th US AD** – Maj.Gen. Devine, 1. - 9.4.45, ab 19.4.45
  - **30th US InfDiv** – Maj.Gen. Hobbs, ab 14.4.45
  - **35th US InfDiv** – Maj.Gen. Baade, 13. - 15.4.45

Die Gliederung 1st US Army während der Besatzungszeit April – Mai 1945

12th Army Group

1st US Army

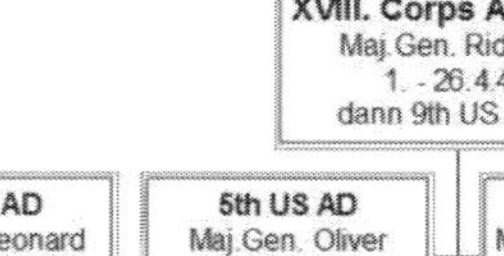
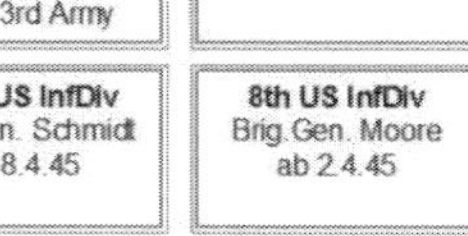

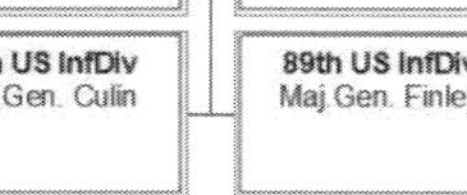

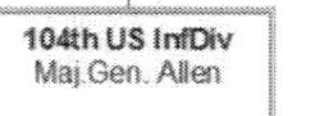

1st US Army
Gen.
Courtney H. Hodges
bis 06.05.

- **V. US Corps** – Maj.Gen. Huebner, bis 28.4.45, ab 3.5.45 3rd Army
  - **7th US AD** – Maj.Gen. Hasbrouck, 19. - 30.4.45
  - **9th US AD** – Maj.Gen. Leonard, bis 28.4.45, dann VII. Corps
  - **16th US AD** – Brig.Gen. Pierce, 6. - 9.5.45
  - **2nd US InfDiv** – Maj.Gen. Robertson, bis 28.04., dann VII. Corps
  - **69th US InfDiv** – Maj.Gen. Reinhardt, bis 28.4.45, dann VII. Corps
  - **97th US InfDiv** – Brig.Gen. Halsey, 30.4. - 6.5.45
- **VII. US Corps** – Lt.Gen. Collins
  - **3rd US AD** – Brig.Gen. Hickey, bis 1.5.45
  - **9th US AD** – Maj.Gen. Leonard, 28.4. - 30.4.45, dann VIII. Corps
  - **1st US InfDiv** – Maj.Gen. Andrus, bis 28.4.45, dann VIII. Corps
  - **2nd US InfDiv** – Maj.Gen. Robertson, 28.4. - 1.05.45, dann 3rd Army
  - **9th US InfDiv** – Maj.Gen. Craig, ab 14.4.45.
  - **69th US InfDiv** – Maj.Gen. Reinhardt, ab 28.4.45.
  - **104th US InfDiv** – Maj.Gen. Allen
- **VIII. US Corps** – Maj.Gen. Middleton, ab 22.4.45 von 3rd Army
  - **6th US AD** – Maj.Gen. Grow
  - **9th US AD** – Maj.Gen. Leonard, 30.4. - 4.5.45, dann 3rd Army
  - **1st US InfDiv** – Maj.Gen. Andrus, 28. - 30.4.45, dann 3rd US Army
  - **76th US InfDiv** – Maj.Gen. Schmidt, ab 8.4.45
  - **87th US InfDiv** – Brig.Gen. Culin
  - **89th US InfDiv** – Maj.Gen. Finley
- **XVIII. Corps Airborne** – Maj.Gen. Ridgway, 1. - 26.4.45, dann 9th US Army
  - **5th US AD** – Maj.Gen. Oliver, 4. - 8.5.45
  - **7th US AD** – Maj.Gen. Hasbrouck, ab 30.4.45
  - **8th US InfDiv** – Brig.Gen. Moore, ab 2.4.45
  - **82nd US Abn Div** – Maj.Gen. Gavin, ab 30.4.45

Die Gliederung der 9th US Army während der Besatzungszeit Mai – Juni 1945

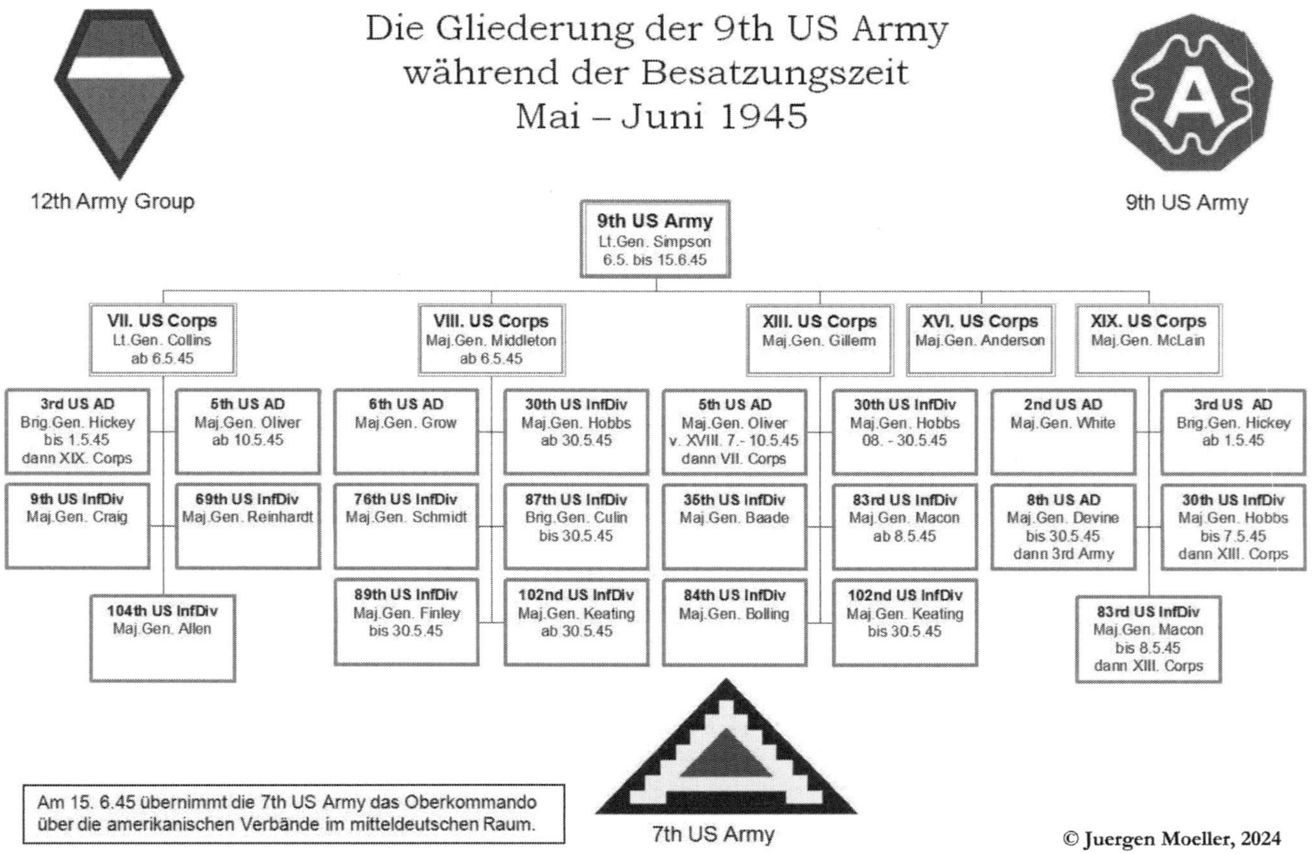

12th Army Group

9th US Army

9th US Army
Lt.Gen. Simpson
6.5. bis 15.6.45

VII. US Corps – Lt.Gen. Collins, ab 6.5.45
- **3rd US AD** – Brig.Gen. Hickey, bis 1.5.45, dann XIX. Corps
- **5th US AD** – Maj.Gen. Oliver, ab 10.5.45
- **9th US InfDiv** – Maj.Gen. Craig
- **69th US InfDiv** – Maj.Gen. Reinhardt
- **104th US InfDiv** – Maj.Gen. Allen

VIII. US Corps – Maj.Gen. Middleton, ab 6.5.45
- **6th US AD** – Maj.Gen. Grow
- **30th US InfDiv** – Maj.Gen. Hobbs, ab 30.5.45
- **76th US InfDiv** – Maj.Gen. Schmidt
- **87th US InfDiv** – Brig.Gen. Culin, bis 30.5.45
- **89th US InfDiv** – Maj.Gen. Finley, bis 30.5.45
- **102nd US InfDiv** – Maj.Gen. Keating, ab 30.5.45

XIII. US Corps – Maj.Gen. Gillem
- **5th US AD** – Maj.Gen. Oliver, v. XVIII. 7.- 10.5.45, dann VII. Corps
- **30th US InfDiv** – Maj.Gen. Hobbs, 08. - 30.5.45
- **35th US InfDiv** – Maj.Gen. Baade
- **83rd US InfDiv** – Maj.Gen. Macon, ab 8.5.45
- **84th US InfDiv** – Maj.Gen. Bolling
- **102nd US InfDiv** – Maj.Gen. Keating, bis 30.5.45

XVI. US Corps – Maj.Gen. Anderson

XIX. US Corps – Maj.Gen. McLain
- **2nd US AD** – Maj.Gen. White
- **3rd US AD** – Brig.Gen. Hickey, ab 1.5.45
- **8th US AD** – Maj.Gen. Devine, bis 30.5.45, dann 3rd Army
- **30th US InfDiv** – Maj.Gen. Hobbs, bis 7.5.45, dann XIII. Corps
- **83rd US InfDiv** – Maj.Gen. Macon, bis 8.5.45, dann XIII. Corps

7th US Army

Am 15. 6.45 übernimmt die 7th US Army das Oberkommando über die amerikanischen Verbände im mitteldeutschen Raum.

Die Gliederung der 7th US Army während der Besatzungszeit Juni – Juli 1945

12th Army Group

7th US Army

7th US Army
Lt.Gen. Patch
15.6. - Juli 45

VI. US Corps
Maj.Gen. Brooks

XV. US Corps
Maj.Gen. Haislip

XIII. US Corps
Maj.Gen. Gillerm
von 9th Army

XIX. US Corps
Maj.Gen. McLain
von 9th Army

XVI. US Corps
Maj.Gen. Anderson
von 9th Army

VII. US Corps
Lt.Gen. Collins
bis 13.6.45
von 9th Army

- **5th US AD** – Maj.Gen. Oliver, bis 15.6.45, dann XXI. Corps
- **9th US InfDiv** – Maj.Gen. Craig, wann, wohin ?
- **69th US InfDiv** – Maj.Gen. Reinhardt, bis ?, dann XXI. Corps
- **104th US InfDiv** – Maj.Gen. Allen, Verlegung in U.S.A 27.6.45

VIII. US Corps
Maj.Gen. Middleton
bis 28.6.45
von 9th Army

- **6th US AD** – Maj.Gen. Grow
- **30th US InfDiv** – Maj.Gen. Hobbs, bis 28.6.45, dann XXI. Corps
- **76th US InfDiv** – Maj.Gen. Schmidt
- **102nd US InfDiv** – Maj.Gen. Keating, bis 28.6.45, dann XXI. Corps

XXI. US Corps
Maj.Gen. Milburn
bis Juli 45

- **5th US AD** – Maj.Gen. Oliver, von VII. Corps, ab 15.6.45
- **7th US AD** – Maj.Gen. Hasbrouck, von XVIII. Corps, ab ?
- **30th US InfDiv** – Maj.Gen. Hobbs, ab 28.6.45
- **69th US InfDiv** – Maj.Gen. Reinhardt, von VII. Corps, ab ?
- **102nd US InfDiv** – Maj.Gen. Keating, ab 28.6.45

Die Kriegstagebücher der meisten Einheiten enden am 9. Mai 1945, wodurch kein genaues Datum des Unterstellungswechsels ermittelt werden konnte.

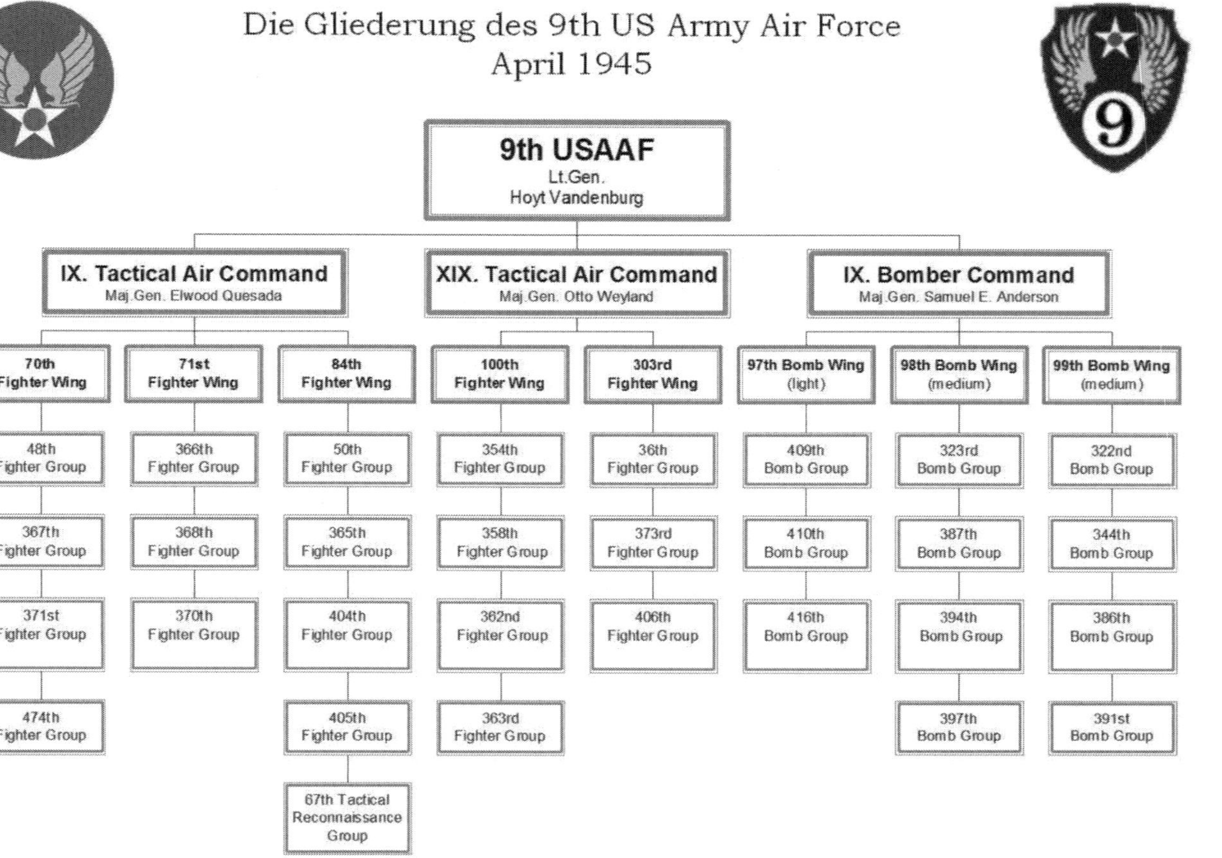

Hinweis:
Außerdem unterstanden der 9th USAAF das IX. Troop Carrier Command, IX. Air Force Service Command, IX. Engineer Command

7. Die amerikanischen Divisionen im mitteldeutschen Raum und ihre Kampfverbände

2nd US Armored Division	CCA, CCB, CCR
	41st Armored Infantry Regiment
	66th Armored Regiment
	67th Armored Regiment
	22nd Armored Reconnaissance Battalion
3rd US Armored Division	CCA, CCB, CCR
	36th Armored Infantry Regiment
	32nd Armored Regiment
	33rd Armored Regiment
	83rd Armored Reconnaissance Battalion
4th US Armored Division	CCA, CCB, CCR
	8th Tank Battalion
	35th Tank Battalion
	37th Tank Battalion
	10th Armored Infantry Battalion
	51st Armored Infantry Battalion
	53rd Armored Infantry Battalion
	25th Cavalry Reconnaissance Squadron
5th US Armored Division	CCA, CCB, CCR
	10th Tank Battalion
	34th Tank Battalion
	81st Tank Battalion
	15th Armored Infantry Battalion
	46th Armored Infantry Battalion
	47th Armored Infantry Battalion
	85th Cavalry Reconnaissance Squadron
6th US Armored Division	CCA, CCB, CCR
	15th Tank Battalion
	68th Tank Battalion
	69th Tank Battalion
	9th Armored Infantry Battalion
	44th Armored Infantry Battalion

	50th Armored Infantry Battalion 86th Cavalry Reconnaissance Squadron
7th US Armored Division	CCA, CCB, CCR 17th Tank Battalion n 31st Tank Battalion 40th Tank Battalion 23rd Armored Infantry Battalion 38th Armored Infantry Battalion 48th Armored Infantry Battalion 87th Cavalry Reconnaissance Squadron
8th US Armored Division	CCA, CCB, CCR 18th Tank Battalion 36th Tank Battalion 80th Tank Battalion 7th Armored Infantry Battalion 49th Armored Infantry Battalion 58th Armored Infantry Battalion 88th Cavalry Reconnaissance Squadron
9th US Armored Division	CCA, CCB, CCR 2nd Tank Battalion 14th Tank Battalion 19th Tank Battalion 27th Armored Infantry Battalion 52nd Armored Infantry Battalion 60th Armored Infantry Battalion 89th Cavalry Reconnaissance Squadron
11th US Armored Division	CCA, CCB, CCR 22nd Tank Battalion 41st Tank Battalion 42nd Tank Battalion 21st Armored Infantry Battalion 55th Armored Infantry Battalion 63rd Armored Infantry Battalion 41st Cavalry Reconnaissance Squadron

1st US Infantry Division	16th Infantry Regiment 18th Infantry Regiment 26th Infantry Regiment 1st Reconnaissance Troop
2nd US Infantry Division	9th Infantry Regiment 23rd Infantry Regiment 38th Infantry Regiment 2nd Reconnaissance Troop
9th US Infantry Division	39th Infantry Regiment 47th Infantry Regiment 60th Infantry Regiment 9th Reconnaissance Troop
26th US Infantry Division	101st Infantry Regiment 104th Infantry Regiment 328th Infantry Regiment 26th Reconnaissance Troop
29th US Infantry Division	115th Infantry Regiment 116th Infantry Regiment 175th Infantry Regiment 29th Reconnaissance Troop
30th US Infantry Division	117th Infantry Regiment 119th Infantry Regiment 120th Infantry Regiment 30th Reconnaissance Troop
35th US Infantry Division	134th Infantry Regiment 137th Infantry Regiment 320th Infantry Regiment 35th Reconnaissance Troop
65th US Infantry Division	259th Infantry Regiment 260th Infantry Regiment 261st Infantry Regiment 65th Reconnaissance Troop

69th US Infantry Division	271st Infantry Regiment 272nd Infantry Regiment 273rd Infantry Regiment 69th Reconnaissance Troop
71st US Infantry Division	5th Infantry Regiment 14th Infantry Regiment 66th Infantry Regiment 71st Reconnaissance Troop
76th US Infantry Division	304th Infantry Regiment 385th Infantry Regiment 417th Infantry Regiment 76th Reconnaissance Troop
80th US Infantry Division	317th Infantry Regiment 318th Infantry Regiment 319th Infantry Regiment 80th Reconnaissance Troop
83rd US Infantry Division	329th Infantry Regiment 330th Infantry Regiment 331st Infantry Regiment 83rd Reconnaissance Troop
84th US Infantry Division	333rd Infantry Regiment 334th Infantry Regiment 335th Infantry Regiment 84th Reconnaissance Troop
87th US Infantry Division	345th Infantry Regiment 346th Infantry Regiment 347th Infantry Regiment 87th Reconnaissance Troop
89th US Infantry Division	353rd Infantry Regiment 354th Infantry Regiment 355th Infantry Regiment 89th Reconnaissance Troop

90th US Infantry Division	357th Infantry Regiment 358th Infantry Regiment 359th Infantry Regiment 90th Reconnaissance Troop
97th US Infantry Division	303rd Infantry Regiment 386th Infantry Regiment 387th Infantry Regiment 97th Reconnaissance Troop
102nd US Infantry Division	405th Infantry Regiment 406th Infantry Regiment 407th Infantry Regiment 102nd Reconnaissance Troop
104th US Infantry Division	413th Infantry Regiment 414th Infantry Regiment 415th Infantry Regiment 104th Reconnaissance Troop

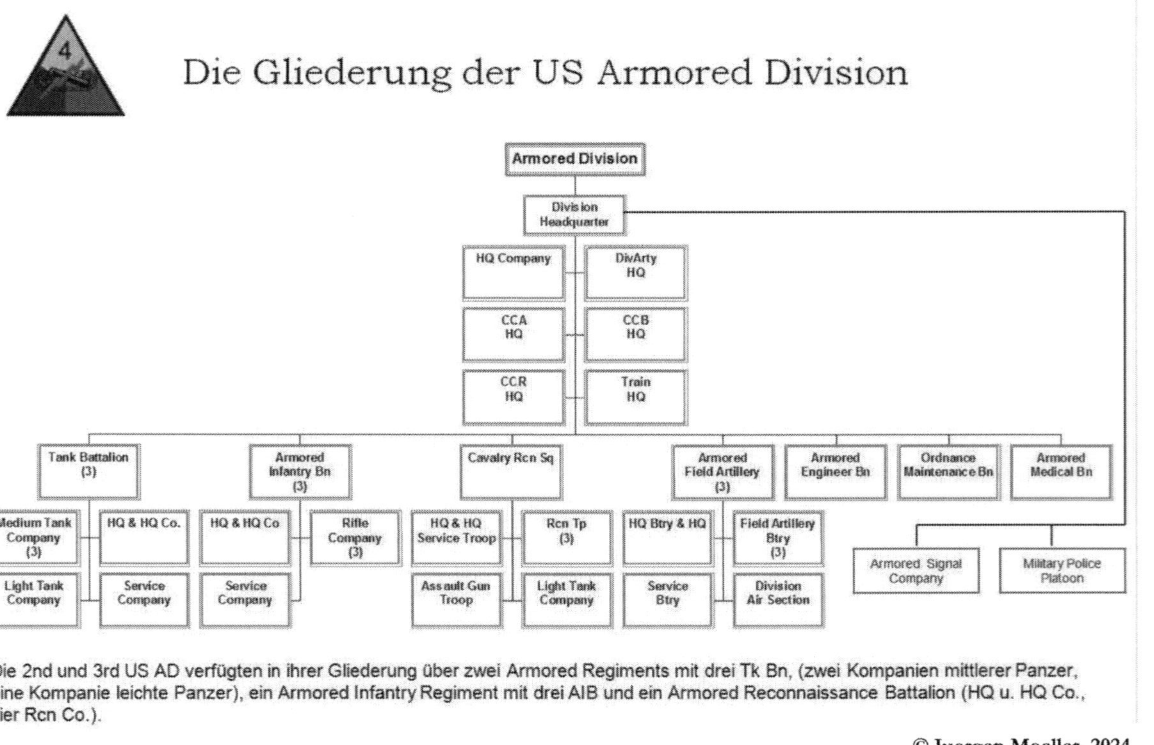

Die 2nd und 3rd US AD verfügten in ihrer Gliederung über zwei Armored Regiments mit drei Tk Bn, (zwei Kompanien mittlerer Panzer, eine Kompanie leichte Panzer), ein Armored Infantry Regiment mit drei AIB und ein Armored Reconnaissance Battalion (HQ u. HQ Co., vier Rcn Co.).

Die Gliederung der US Infantry Division

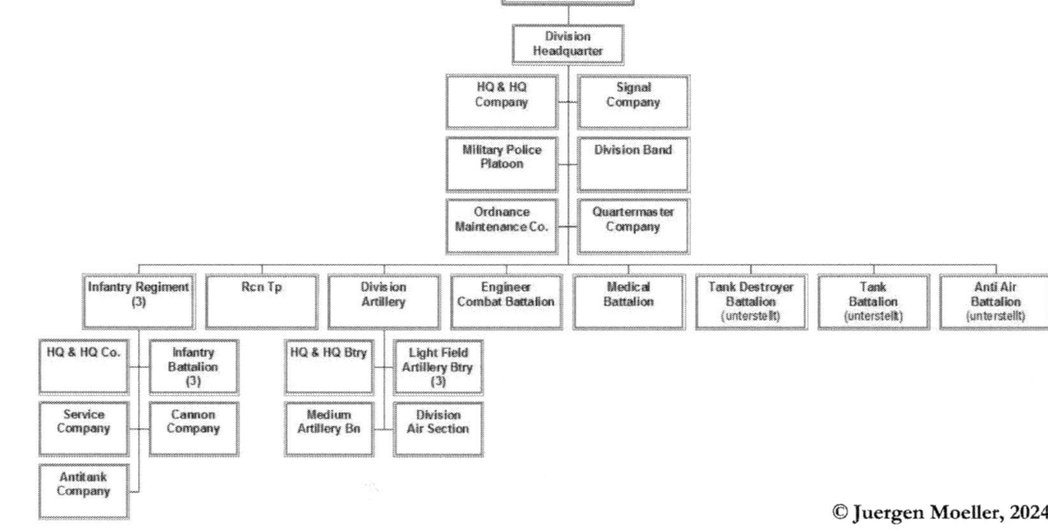

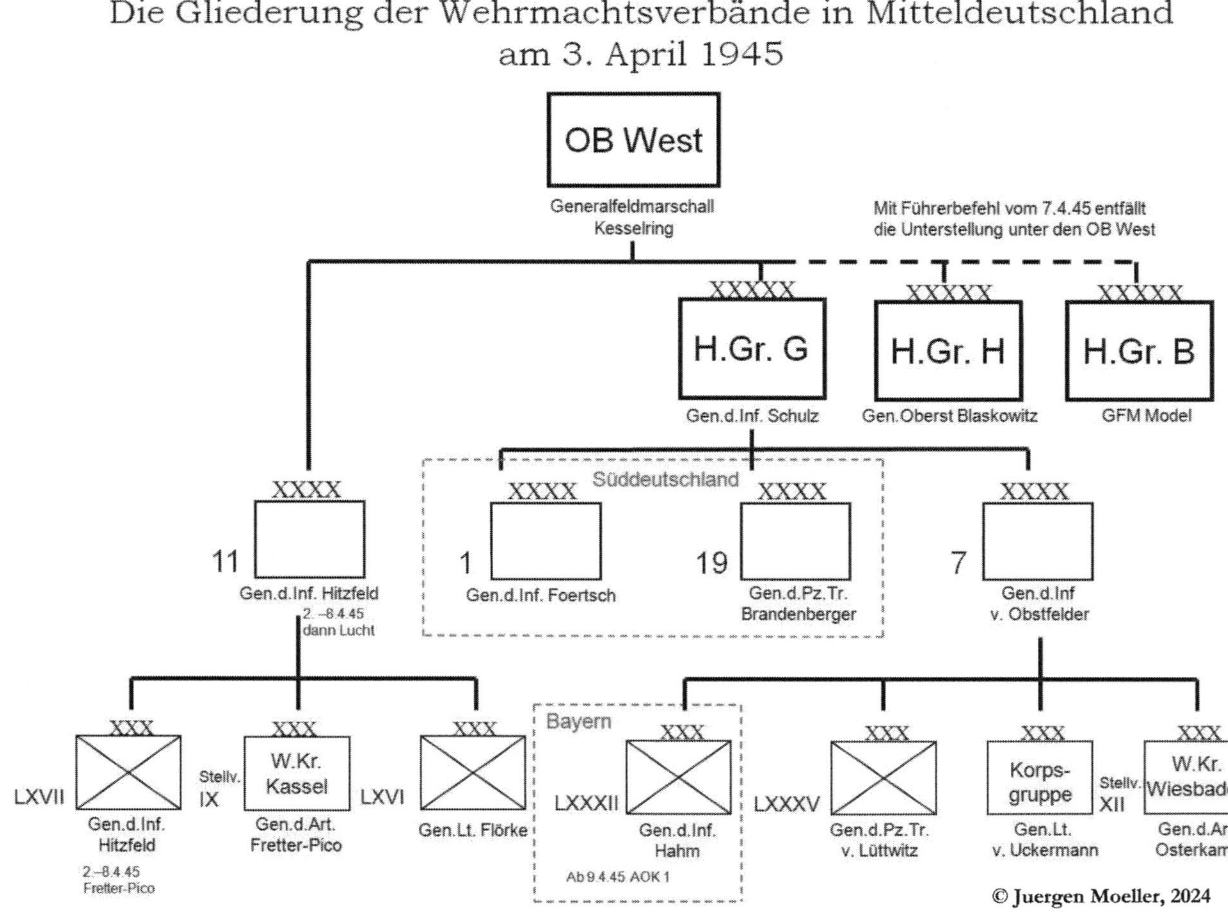

Die Gliederung der Wehrmachtsverbände in Mitteldeutschland
am 3. April 1945
OB West
Generalfeldmarschall Kesselring
Mit Führerbefehl vom 7.4.45 entfällt die Unterstellung unter den OB West
XXXXX
H.Gr. G
Gen.d.Inf. Schulz
XXXXX
H.Gr. H
Gen.Oberst Blaskowitz
XXXXX
H.Gr. B
GFM Model
XXXX
11
Gen.d.Inf. Hitzfeld
2.–8.4.45 dann Lucht
Süddeutschland
XXXX
1
Gen.d.Inf. Foertsch
XXXX
19
Gen.d.Pz.Tr. Brandenberger
XXXX
7
Gen.d.Inf v. Obstfelder
XXX
LXVII
Gen.d.Inf. Hitzfeld
2.–8.4.45 Fretter-Pico
XXX
Stellv. IX
W.Kr. Kassel
Gen.d.Art. Fretter-Pico
XXX
LXVI
Gen.Lt. Flörke
Bayern
XXX
LXXXII
Gen.d.Inf. Hahm
Ab 9.4.45 AOK 1
XXX
LXXXV
Gen.d.Pz.Tr. v. Lüttwitz
XXX
Korps-gruppe
Gen.Lt. v. Uckermann
XXX
Stellv. XII
W.Kr. Wiesbaden
Gen.d.Art. Osterkamp
© Juergen Moeller, 2024

Die Gliederung der Wehrmachtsverbände in Mitteldeutschland am 12. April 1945

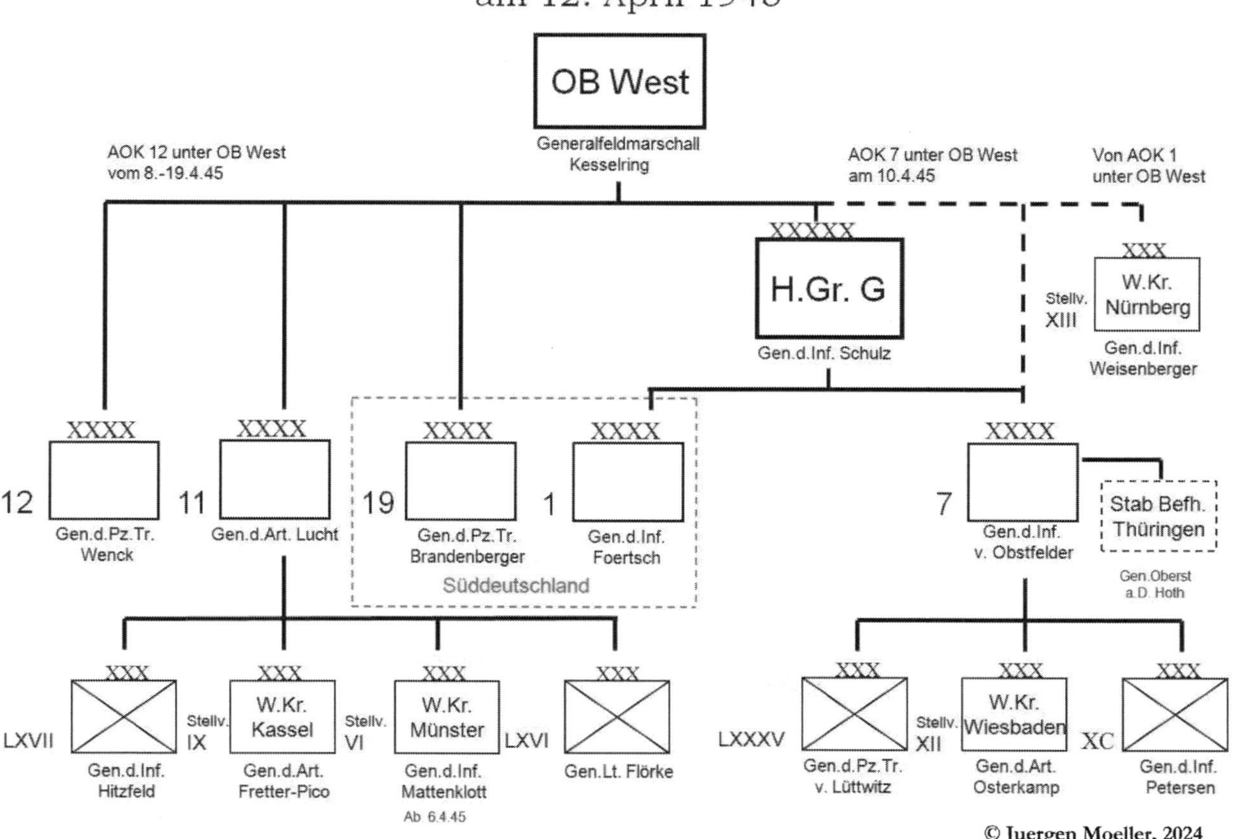

Die Gliederung der Wehrmachtsverbände in Mitteldeutschland ab dem 16. April 1945

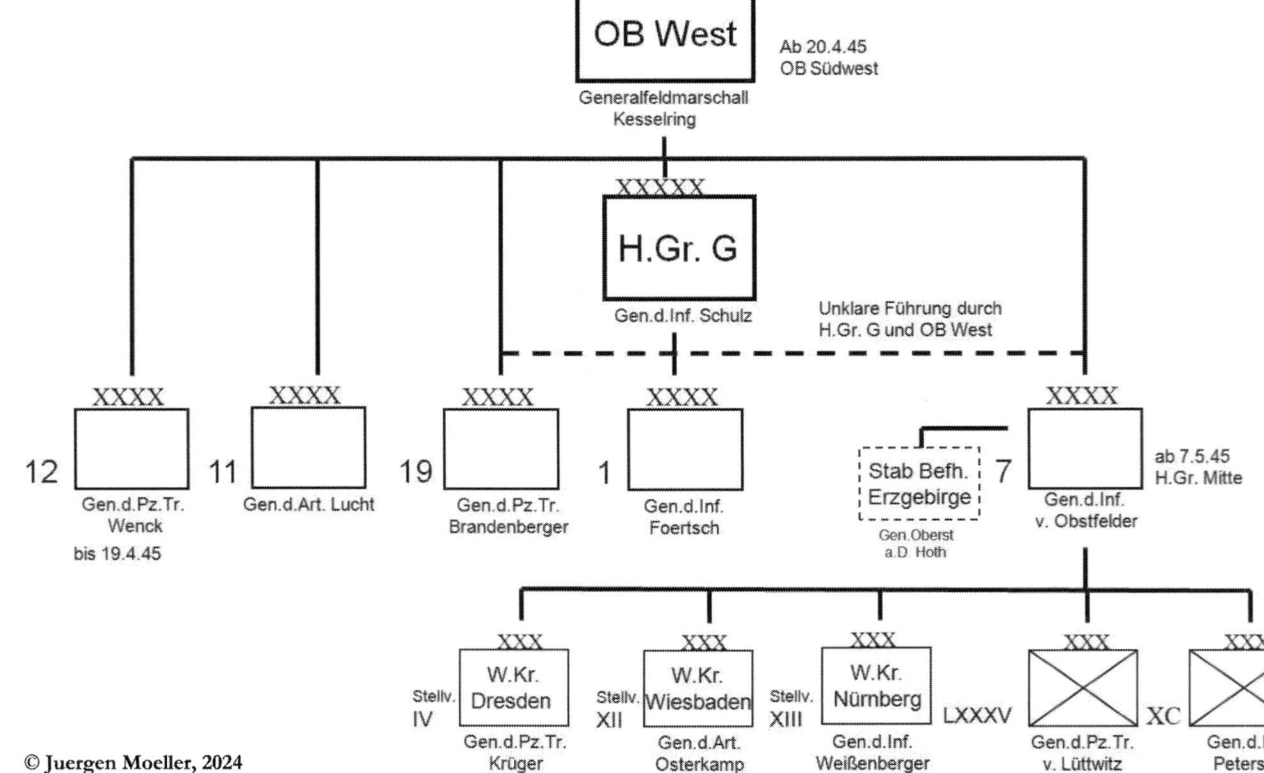

Die Gliederung der 7. deutschen Armee im April/Mai 1945

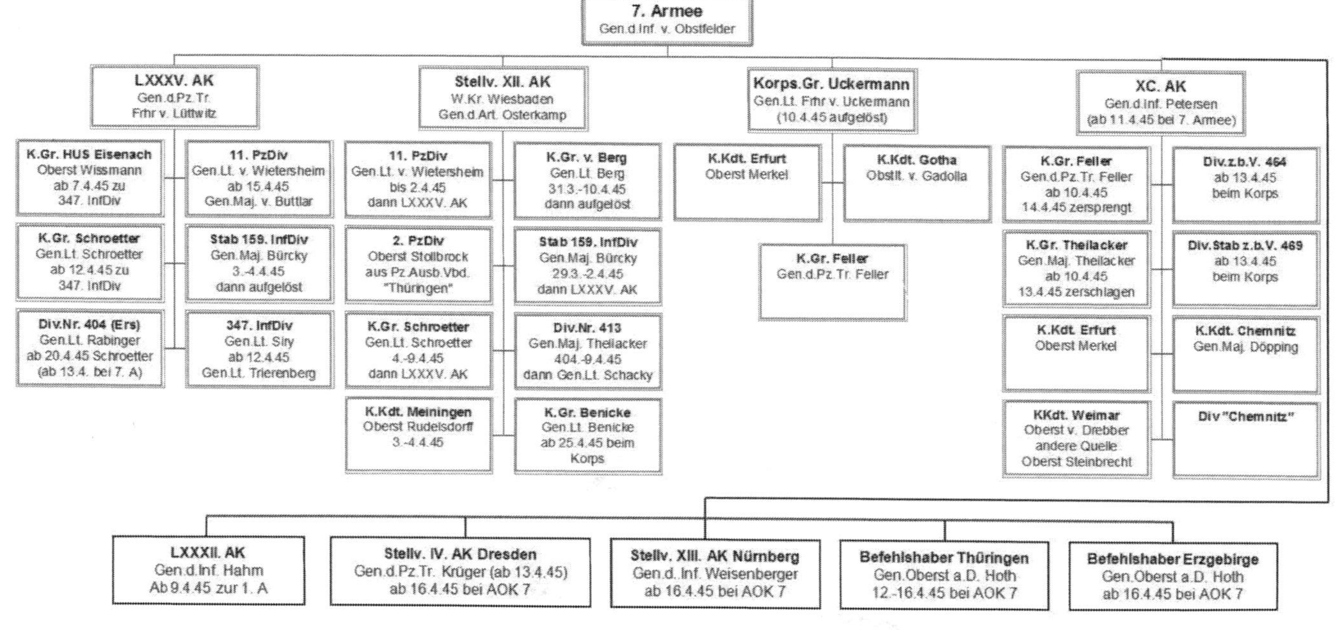

Die Gliederung der 11. deutschen Armee im April 1945

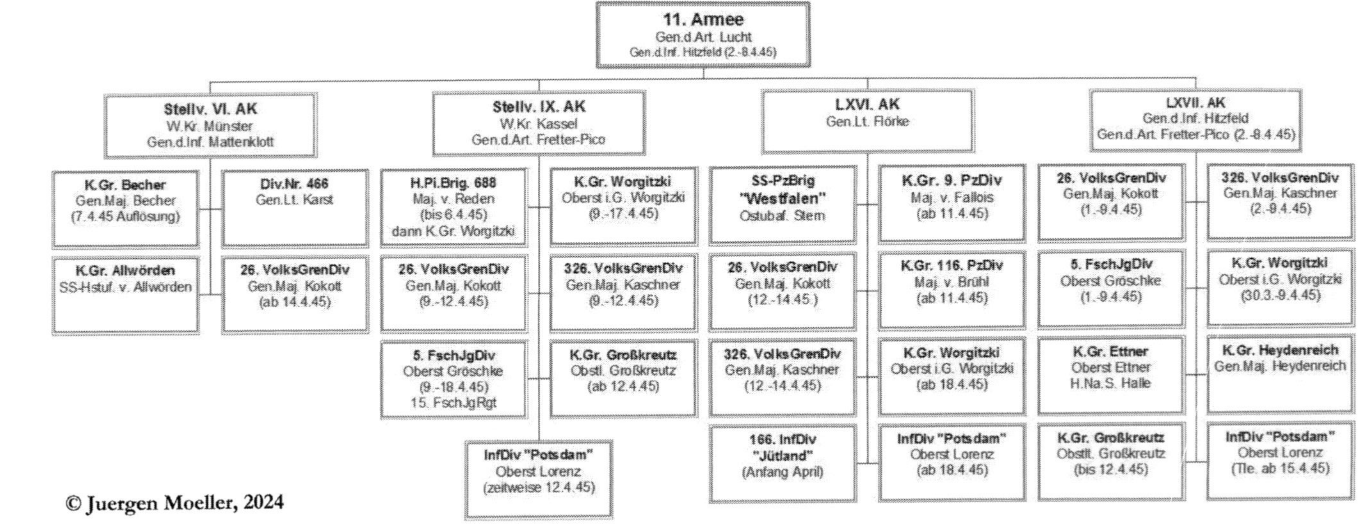

Die Gliederung der 12. deutschen Armee im April/Mai 1945

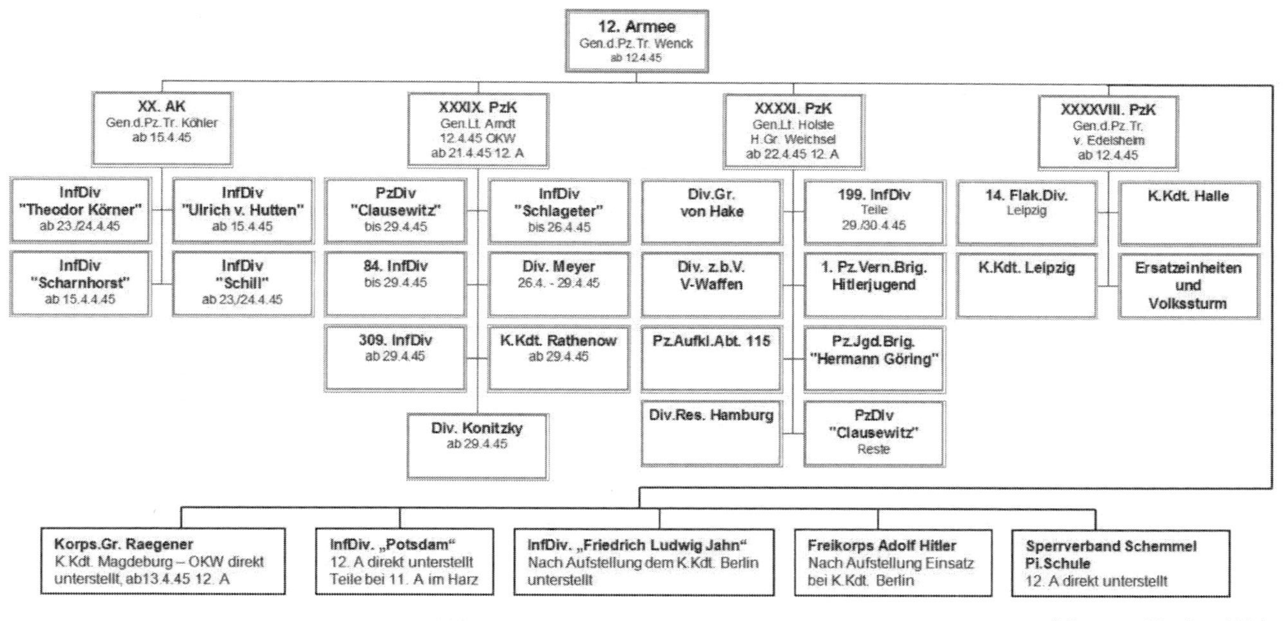

Die Gliederung der „Infanteriedivision 45“

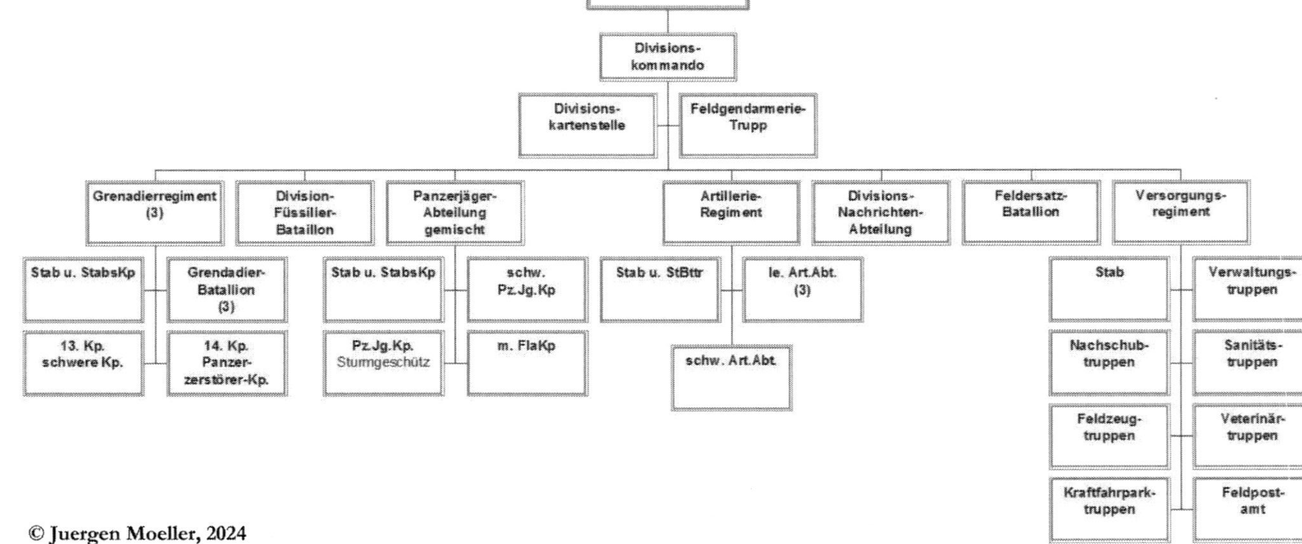

Die Gliederung der „Panzerdivision 45“

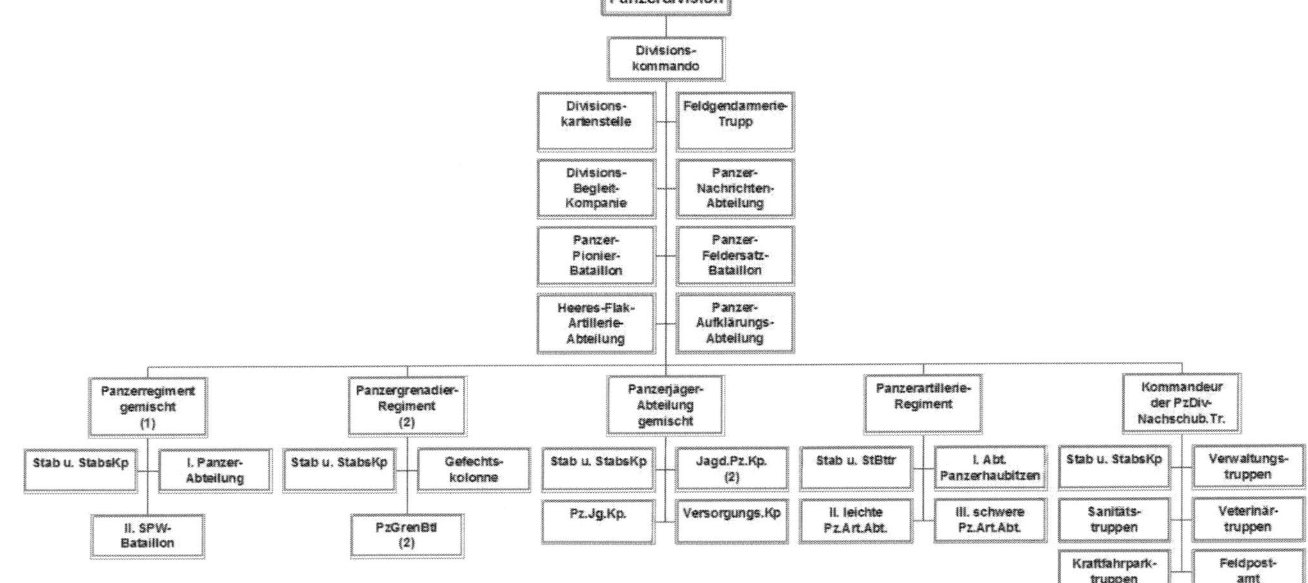

Dienstgradübersicht Offiziere/Generäle

Dienstgrade Heer/Luftwaffe	Dienstgrade Marine	Dienstgrade Waffen-SS	Dienstgrade Polizei	Dienstgrade RAD		Dienstgrade US Army
Leutnant	Leutnant zur See	SS-Unter-sturmführer	Leutnant	Feldmeister		2nd Lieutenant
Oberleutnant	Oberleutnant zur See	SS-Ober-sturmführer	Oberleutnant	Oberfeldmeister		1st Lieutenant
Hauptmann Rittmeister	Kapitänleutnant	SS-Haupt-sturmführer	Hauptmann	Oberst-feldmeister		Captain
Major	Korvetten-kapitän	SS-Sturm-bannführer	Major	Arbeitsführer		Major
Oberstleutnant	Fregattenkapitän	SS-Obersturm-bannführer	Oberstleutnant	Ober-arbeitsführer		Lieutenant Colonel
Oberst	Kapitän zur See Kommodore	SS-Standarten-führer SS-Oberführer	Oberst	Oberst-arbeitsführer		Colonel
Generalmajor	Vizeadmiral	SS-Brigadeführer		General-arbeitsführer		Brigadier General
Generalleutnant	Konteradmiral	SS-Gruppenführer	Generalleutnant	Obergeneral-arbeitsführer		Major General
General der Waffengattung	Admiral	SS-Ober-gruppenführer	General der Polizei			Lieutenant General
Generaloberst	Generaladmiral	SS-Oberst-gruppenführer	Generaloberst			General
General-feldmarschall	Großadmiral	Reichsführer SS		Reichs-arbeitsführer		General of the Army

Hinweis: Ein direkter Vergleich der deutschen und amerikanischen Dienstgrade ist nur bedingt möglich, da es häufig kein Adäquat gibt. Dies gilt z.B. für die Warrant Officer, die als „Offiziersstellvertreter" zu betrachten sind.

Dienstgradübersicht Mannschaften/Unteroffiziere

Dienstgrade Wehrmacht	Dienstgrade Marine	Dienstgrade Waffen-SS	Dienstgrade Polizei	Dienstgrade RAD		Dienstgrade US Army
Schütze	Matrose	SS-Schütze	Unterwacht-meister	Arbeitsmann		Privat
Oberschütze		SS-Oberschütze	Rott-Wachtmeister			
Gefreiter	Matrosen-gefreiter	SS-Sturmmann	Wachtmeister	Vormann		Privat First Class
Obergefreiter	Matrosen-obergefreiter	SS-Rottenführer	Oberwacht-meister	Obervormann		Technician 5thGrad Corporal
Hauptgefreiter Stabsgefreiter	Matrosen-Haupt-/Stabs-/ Oberstabsgefr.			Hauptvormann		
Unteroffizier	Maat/ Bootsmannsmaat	SS-Unter-scharführer	Revier-Ober-wachmeister	Truppführer		Technician 4th Grad Sergeant
Unterfeldwebel -wachtmeister	Obermaat/ -boots-mannsmaat	SS-Scharführer	Hauptwacht-meister			Technician 3rd Grad Staff Sergeant
Feldwebel Wachtmeister	Feldwebel/ Bootsmann	SS-Ober-scharführer	Meister	Obertruppführer		Technical Sergeant First Sergeant
Ober-feldwebel / -wachtmeister	Ober-feldwebel / -bootsmann	SS-Haupt-scharführer	Obermeister Waffenmeister			Sergeant Major
Stabs-feldwebel/ - wachtmeister	Stabsoberfeld-webel/ - bootsmann	SS-Sturm-scharführer		Unterfeldmeister		Master Sergeant Command Sergeant Major
Fähnrich Oberfähnrich	Fähnrich Oberfähnrich zur See					Warrant Officer Flight Officer Chief Warrant Officer

Hinweis: Die Bezeichnung „Hauptfeldwebel“ ist kein Dienstgrad, sondern steht für den allgemeinsprachlich als „Spieß“ bezeichneten, für den Innendienst in der Kompanie verantwortlichen, Unteroffizier. Fähnriche sind Offiziersanwärter.

12. Abkürzungsverzeichnis

AAA (AW) Bn	*Anti Aircraft Artillery (Automatic Weapons) Battalion* (amerik.) – Flakartillerie-Maschinenkanonen-Bataillon
AAR	*After Action Report* (amerik.) – Einsatzbericht
Abt.	Abteilung
AD	*Armored Division* (amerik.) – Panzerdivision
a.D.	außer Dienst – im Zusammenhang mit dem Dienstgrad
Adv. CP	*Advanced Command Post* (engl./amerik.) – Vorgeschobener Gef.Std.
AEL	Arbeitserziehungslager der SS
AFA Bn/Gp	*Armored Field Artillery Battalion/Group* (amerik.) – Gepanzertes Feldartilleriebataillon/Regiment
AFHRA	*Air Force Historical Research Agency* – Historisches Archiv der *US Air Force* auf der Maxwell Air Force Base, Alabama
AG	Aktiengesellschaft
AG Plat.	*Assault Gun Platoon* (amerik.) - Sturmgeschützzug
AGr	*Army Group* (engl./amerik.) – Armeegruppe
A.Gr.	Armeegruppe, deutsch
AIB/AIR	*Armored Infantry Battalion/Regiment* (amerik.) – Panzerinfanteriebataillon/Panzerinfanterieregiment der *US Army*
AK	Armeekorps, deutsch
AL	Außenlager eines Konzentrationslagers
AOK	Armeeoberkommando
AR	*Armored Regiment* (amerik.) – Panzerregiment der Panzerdivisionen der *US Army*
Armd Engr Bn	*Armored Engineer Battalion* (amerik.) – Gepanzertes Pionierbataillon der *US Armored Division*
Armd Engr Bn	*Armored Engineer Battalion* (amerik.) – Gepanzertes Pionierbataillon der *US Armored Division*
Armd Gp	*Armored Group* (amerik.) – Gepanzerte Gruppe der *US Corps* aus mehreren *Tank Battalions*, die den *Infantry Division* zugeteilt wurden, während das *Group HQ* als zusätzliches Organisationselement der *Corps* diente.
Armd Med Bn	*Armored Medical Battalion* (amerik.) – Gepanzertes Sanitätsbataillon der *US Armored Division*
Armd Ord Maint Bn	*Armored Ordnance and Maintenance Battalion* (amerik.) – Gepanzertes Instandsetzungsbataillon der *US Armored Division*
Armd Sign Co.	Armored Signal Company (amerik.) – Gepanzerte Fernmeldekompanie der *US Armored Division*
Art.Abt.	Artillerieabteilung
Art.Cmdr	*Artillery Commander* (amerik.) – Kommandeur der Artillerie
Art.Ers.u.Ausb.Abt.	Artillerieersatz- und Ausbildungsabteilung
Art.Rgt.	Artillerieregiment
Ass.CoS	*Assistant Chief of Staff* (engl./amerik.) – Stellvertretender Chef des Stabes
Ass.Div.Cmdr	*Assistant Division Commander* (amerik.) – Stellv. Divisionskommandeur

ASt.	Außenstelle
AT Co.	*Anti-Tank Company* (amerik.) – Panzerabwehrkompanie
(Ausb.)	Ausbildung
Ausb.Div.	Ausbildungsdivision
(ausschl.)	ausschließlich, ohne diesen (Ort)
(B)	*Bravo*–Zeit – Zeitangabe bei US Army – beginnt am 2. April und entspricht unserer Sommerzeit
Bailey-Brücke	*Bailey Bridge* – mobile amerikanische Stahlträgerbrücke
BA-MA	Bundesarchiv – Militärarchiv Freiburg i. Br.
BAR	*Browning Automatic Rifle*, leichtes Maschinengewehr der *US Army*
BArch	Bundesarchiv der Bundesrepublik Deutschland
Bau.Ers.Btl.	Bau-Ersatzbataillon
B.C.	*Bomber Command* (engl./amerik.) – Bomberkommando der Air Force
B.Div.	*Bomber Division* (engl./amerik.) – Bomberdivision der *Air Force*
BdE	Befehlshaber des Ersatzheeres
B.D.Wing	*Bombardment Wing* (engl./amerik.) – Geschwader
Befh.	Befehlshaber
B.G.	*Bomb Group* (engl./amerik.) – Bombergruppe, Teil einer B.D.Wing
Bgm.	Bürgermeister
Bhf.	Bahnhof
BMW	Bayerische Motorenwerke
Bn	*Battalion* (engl./amerik.) – Bataillon
Bn.CP	*Battalion Command Post* (engl./amerik.) – Bataillonsgefechtsstand
BND	Bundesnachrichtendienst der BRD
Bn.HQ	*Battalion Headquarters* (engl./amerik.) – Bataillonshauptquartier
BO	*Battery Officer* (amerik.) Batterieoffizier/Führer einer Artilleriebatterie
Brig.	Brigade
Brig.Gen.	*Brigadier General* (engl./amerik.) – Brigadegeneral, Rang in der *Royal Army* und der *US Army* ohne Äquivalent zur Wehrmacht
B.Sq.	*Bomber Squadron* (engl./amerik.) – Bomberstaffel der *Air Force*
B-Stelle	Beobachtungsstelle
Btl.	Bataillon
Btl.Fhr.	Bataillonsführer, Dienstgrad beim Volkssturm
brit.	britisch
Bttr.	Batterie – Einheitsbezeichnung bei der Artillerie, auch Flak
Btry.	*Battery* (engl./amerik.) – Batterie
Cal.	Caliber (engl./amerik.) – Kaliber, Angaben meist in *inch*
Capt.	*Captain* (engl./amerik.) – Hauptmann
CavGp	*Cavalry Group* (engl./amerik.) – Aufklärungsregiment bzw. motorisierte Aufklärungseinheit, die direkt dem Kommando der *Corps* untersteht
CavRcnSq	*Cavalry Reconnaissance Squadron* (engl./amerik.) – Aufklärungsbataillon/ Aufklärungseinheit der US AD bzw. der CavGp in der Tradition der US-Kavallerie

CC A / CC B / CC R	*Combat Command A, B, R* (Reserve) – Kampfverband der US AD, gebildet in der Regel aus einem Tk Bn, einem AIB sowie Unterstützungselementen, der sich für den Einsatz in *Task Forces* untergliedert
CG	*Commanding General* (engl./amerik.) – Komm. General
CIC	*Counter Intelligence Corps* (amerik.) - Militärische Abwehr, *US Army*
Cml Mort Bn	*Chemical Mortar Battalion* (engl./amerik.) – selbstständiges Chemisches Bataillon, ausgerüstet mit schweren Granatwerfern
Cn Co.	*Cannon Company* (amerik.) – Geschützkompanie der InfRgt'er der US InfDiv
CO	*Commanding Officer* (engl./amerik.) – Befehlshabender Offizier, ab Kp.Chef aufwärts, Offiziere im Rang bis Col.
CIOS	*Combined Intelligence Objectives Sub-Committee* (engl./amerik.) – Zum Hauptquartier der alliierten Streitkräfte gehörende Aufklärungseinheit im Bereich Technologie
Clearing Co.	*Clearing Company* (engl./amerik.) – Verbandplatzkompanie, Teil des Med Bn der US-Divisionen
Co. A, B (etc.)	Company (engl./amerik.) – Kompanie der *US Army* mit Buchstabennummerierung als Angabe der Bataillonszugehörigkeit
Col.	*Colonel* (engl./amerik.) – Oberst
Coll Co.	*Collecting Company* (engl./amerik.) – Sanitätstransportkompanie der Med Bn der *US Army*
Corps	(engl./amerik.) – Armeekorps
CoS	*Chief of staff* (engl./amerik.) – Chef des Stabes
CP	*Command Post* (engl./amerik.) – Gefechtsstand
Cpl.	*Corporal* (engl./amerik.) – Unteroffizier
CT	*Combat Team* (engl./amerik.) – Kampfgruppe der US AD, in der Regel bestehend aus einem Bataillon und Verstärkungskräften
CWS	*Chemical Warfare Service* (engl./amerik.) – Abteilung für Chemische Kriegsführung der *US Army*
DDR	Deutsche Demokratische Republik
Det.	*Detachment* (amerik.) – Abteilung
Dipl.-Ing.	Diplomingenieur
DivArty	*Division Artillery* (amerik.) – Divisionsartillerie der *US Army*
Div.Füs.Btl.	Division-Füsilier-Bataillon
Div.Kdo.	Divisionskommando
Div.K.Gr.	Divisions-Kampfgruppe
Div.Nr.	Division Nummer – Bezeichnung, welche bei den Divisionen des Ersatzheeres der Wehrmacht verwendet wurde
Div.Res.	*Divisional Reserve* (engl./amerik.) – Divisionsreserve
Div.St.	Divisionsstab
Div.Trains	*Divisonal Trains* (engl./amerik.) – Divisionsnachschubkolonne
Div. z.b.V.	Division zur besonderen Verwendung
Div.Vbd.	Divisionsverband
DKW	Deutsche Automarke der Auto-Union mit Sitz in Zschopau/Sachsen

DP	*Displaced Person* (engl./amerik.) – Bezeichnung für die befreiten ausländischen Zwangsarbeiter, KZ-Häftlinge und aus deutscher Kriegsgefangenschaft befreiten alliierten Soldaten
Dr.	Doktor (akademischer Grad)
d.R.	der Reserve – im Zusammenhang mit dem Dienstgrad
DRK	Deutsches Rotes Kreuz
DRP	Deutsche Reichspost
(E) bzw. (Ers.)	Ersatz
(einschl.)	einschließlich
EK I und II	Eisernes Kreuz 1. und 2. Klasse. Kriegsauszeichnung der preußischen und deutschen Heere bis 1945
Engr C Bn	*Engineer Combat Battalion* (engl./amerik.) – Pionierbataillon der InfDiv der *US Army*
Engr C Gp	*Engineer Combat Group* (engl./amerik.) – Pionierregiment der *US Army*
Engr Treadway Br Co.	*Engineer Treadway Bridhge Company* (engl./amerik.) – Pionier-Brückenbau-Kompanie (Treadway – leichte Schwimmbrücke)
Erg.Aufkl.Gr.	Ergänzungs-Aufklärungs-Gruppe (der Luftwaffe)
Erg.JG	Ergänzungs-Jagdgeschwader
ETO	*European Theater of Operations* (engl./amerik.) – Europäischer Kriegsschauplatz
ExO (XO)	*Executive Officer* (engl./amerik.) – Stellv. Kommandeur
FA Bn	*Field Artillery Battalion* (engl./amerik.) – Feldartilleriebataillon der *US Army*
FA Brig.	*Field Artillery Brigeda* (amerik.) – Feldartilleriebrigade
FA Gp	*Field Artillery Group* (amerik.) – Feldartillerieregiment der *US Army*
Feldeisenb.	Feldeisenbahn
Felders.Btl.	Feldersatzbataillon
FFS	Flugzeugführerschule
(FKL)	(Funklenk), Einheit der Panzertruppe mit funkgelenkten Sprengpanzern
Fla.Ers.u.Ausb.Btl.	Flugabwehr-Ersatz- u. Ausbildungsbataillon
Flak	Flugabwehrkanone
Flak.Brig.	Flak-Brigade
Flak.Rgt.	Flak-Regiment
Flak.Div.	Flak-Division
Flak.Gr.	Flak-Gruppe
Flak.K.Gr.	Flak-Kampfgruppe
Flak.UGr.	Flak-Untergruppe
Fl.Ausb.Rgt.	Flieger-Ausbildungsregiment
Fl.H.Kdtr. Koflug	Fliegerhorst-Kommandantur
Flieger.Div.	Fliegerdivision
Flughafen-Bereichs-Kdo.	Flughafen-Bereichskommando
Flugplatz-Kdo.	Flugplatzkommando
Fluko	Flugkontrolle
FO Bn	*Field Observer Battalion* (amerik.) Feld-Beobachtungsbataillon der *US Army*
FO Section	*Forward Observer Section* (amerik.) – Vorgeschobener Beobachter-Trupp

(frz.)	(französisch)
Frhr.	Freiherr, Adelstitel
FS	Fernschreiben
FschA	Fallschirmarmee
FschAOK	Fallschirm-Armeeoberkommando
FschJgDiv	Fallschirmjägerdivision
Fsch.Jg.Rgt.	Fallschirmjägerregiment
Fsch.Pi.Btl.	Fallschirmjäger-Pionierbataillon
Fsch.Pz.K.	Fallschirm-Panzerkorps – Aus Personal der Deutschen Luftwaffe in der Endphase des Krieges gebildeter Bodenverband.
FüHA	Führungshauptamt der SS
Fü.HQ	Führerhauptquartier
FuMG	Funkmessgerät
Fü.Na.Abt.	Führungsnachrichten-Abteilung
F.U.S.	Feldunteroffiziersschule
Füs.Rgt.	Füsilier-Regiment
Fü.Stab	Führungsstab
FW 190	Focke Wulf 190 – deutsches Jagdflugzeug
Fwd CP	*Forward Command Post* (engl./amerik.) – Vorgeschobener Gefechtsstand
Gd.Kav.K.	Berittenes Gardekavalleriekorps der *Roten Armee*
Gd.Schtz.Rgt.	Gardeschützenkorps der *Roten Armee*
Gefr.	Gefreiter
Gef.Std.	Gefechtsstand
gKdos	Geheime Kommandosache
(gem.mot.)	gemischt motorisierte Einheit
Gen.d.Art.	General der Artillerie
Gen.d.Fl.	General der Flieger
Gen.d.Flakart.	General der Flakartillerie
Gen.d.Inf.	General der Infanterie
Gen.d.Kav.	General der Kavallerie
Gen.d.Kraftf.Tr.	General der Kraftfahrtruppe
Gen.d.Pz.Tr.	General der Panzertruppe
Gen.Insp.d.Pz.Tr.	Generalinspekteur der Panzertruppen
Gen.Kdo.	Generalkommando
Gen.Kp.	Genesenen-Kompanie
Gen.Lt.	Generalleutnant
Gen.Maj.	Generalmajor
Gen.Obst.	Generaloberst
Gen.St.d.H.	Generalstab des Heeres
Gen.St.Veterinär	Generalstabsveterinär, entspricht Gen.Maj.
Gestapo	Geheime Staatspolizei
GFM	Generalfeldmarschall
GI	*Government Issue* (amerik.) – Staatseigentum, umgangssprachliche Bezeichnung für amerikanische Soldaten
(gp)	(gepanzert)
Gren.Ers.Btl.	Grenadier-Ersatzbataillon
Gren.Ausb.Rgt.	Grenadier-Ausbildungsregiment

Gren.Rgt.	Grenadierregiment
Gruf.	Gruppenführer der SS, vergleichbar Gen.Lt. der Wehrmacht
GULAG	*Glawnoje uprawlenije isprawitelno-trudowych lagerej i kolonij* (russ.) – Hauptverwaltung der Besserungsarbeitslager und -kolonien der Sowjetunion. Steht für die Gesamtheit des sowjetischen Zwangsarbeitssystems.
g.v.H.	garnisonsverwendungsfähig Heimat
HE	*High Explosiv* (engl./amerik.) Bezeichnung für Sprenggranate
Hbf.	Hauptbahnhof
He 162	Heinkel 162 – strahlgetriebenes deutsches Jagdflugzeug
He-177	Heinkel 177 – deutscher Fernbomber
H.Flak.Art.Brig.	Heeres-Flakartillerie-Brigade
H.Flak.Art.Ers.u. Ausb.Abt.	Heeres-Flakartillerie-Ersatz- u. Ausbildungsabteilung
Hfw.	Hauptfeldwebel
H.F.S.	Heeres-Fachschule
H.Gr.	Heeresgruppe
HJ	Hitlerjugend
H.K.L.	Hauptkampflinie
HMG Plat.	*Heavy Machine Gun Platoon* (engl./amerik.) – schwerer MG-Zug der US-Infanteriekompanien
H.Na.S.	Heeres-Nachrichtenschule
H.Neben.Muna	Heeres-Nebenmunitionsanstalt
H.N.Z.A.	Heeres-Nebenzeugamt
Höh.Fl.Ausb.Kdo.	Höheres Fliegerausbildungskommando der Luftwaffe
Höh.Kdr.d.Flakart.	Höherer Kommandeur der Flakartillerie
How Sect.	*Howitzer Section* (engl./amerik.) – Eine Batterie Feldartillerie der *US Army* verfügt über sechs Haubitzen-Sektionen mit je einer Feldhaubitze
HPA	Heeres-Personalamt
H.Pi.Brig.	Heerespionierbrigade
Hptm.	Hauptmann
HQ	*Headquarters* (engl./amerik.) – Hauptquartier
HQ Co	*Headquarters Company* (engl./amerik.) – Stabskompanie
H Rüs	Heeresrüstung
H.San.Staffel	Heeres-Sanitätsstaffel
Hscha.	Hauptscharführer der SS, vergleichbar Oberfeldwebel
HSSPF	Höherer SS- und Polizeiführer
H-Sto.Verw.	Heeres-Standortverwaltung
Hstuf.	Hauptsturmführer der SS, vergleichbar Hauptmann
H.U.S.	Heeres-Unteroffiziersschule
H.V.A.	Heeres-Versuchsanstalt
HVA	Heeresverpflegungsamt
HVL	Heeresverpflegungslager
HVP	Heeresverbandsplatz
IDA	*Infantry Division Artillery* (engl./amerik) – Artillerie der InfDiv
I.D.C.	*Interior Defence Command* (amerik.) – Kommando zum Schutz des rückwärtigen Gebiets einer US Division

i.G.	im Generalstab – Zusatz zum Dienstgrad für Offiziere des Generalsstabsdienstes
InfDiv	Infanteriedivision
Inf.Btl.	Infanteriebataillon
Inf.Gesch.Ausb.Kp.	Infanterie-Geschütz-Ausbildungskompanie
Inf.Na.Abt.	Infanterie-Nachrichten-Abteilung
Inf.Pz.Jg.Ers.Kp.	Infanterie-Panzerjäger-Ersatzkompanie
InfRgt	Infanterieregiment
IPW Team	*Interrogation Prisoner of War Team* (engl./amerik.) – Kriegsgefangenenbefragungsteam
I&R Plat.	*Intelligence and Reconnaissance Platoon* (engl./amerik.) – Feindlage- und Aufklärungszug der HQ Co. eines Regiments der US InfDiv.
IRK	Internationales Rotes Kreuz
Jagd-Div.	Jagddivision der Deutschen Luftwaffe
Jagd.Pz.Kp.	Jagdpanzer. Kompanie
Jg.Btl.	Jägerbataillon
JG	Jagdgeschwader der Deutschen Luftwaffe
Ju 87	Junkers Ju 87, Sturzkampfflugzeug, Junkers Flugzeug- und Motorenwerke
Ju 88	Junkers Ju 88 – zweimotoriger Bomber, Nachtjäger, Aufklärer
Ju-287	Junkers Ju 287 – Hochgeschwindigkeitsbomber für Langstreckenflüge
Kapitän.z.S.	Kapitän zur See
Kav.Brig.	Kavalleriebrigade
Kav.Rgt.	Kavallerieregiment
Kav.Schtz.Rgt.	Kavallerie-Schützen-Regiment
K.Kdt.	Kampfkommandant
Kdr.	Kommandeur
Kdr.d.Kgf.	Kommandeur der Kriegsgefangenen im Wehrkreis
Kdr.d.Pz.Tr.	Kommandeur der Panzertruppen im Wehrkreis
Kdr.d.Div.Nachsch.	Kommandeur der Nachschubtruppen einer Division
Kdtr.	Kommandantur
Kdr.d.Schnellen.Tr.	Kommandeur der Schnellen Truppen (später Kdr.d.Pz.Tr.)
Kgf.Bau.u.Arb.Btl.	Kriegsgefangenen-Bau- und Arbeitsbataillon
K.Gr.	Kampfgruppe – Bezeichnung für unterschiedlich zusammengesetzte Einheiten, welche häufig nach ihrem Kommandeur benannt wurden
Komm.Gen.	Kommandierender General
Korps.Gr.	Korpsgruppe
Korps.Na.Abt.	Korps-Nachrichten-Abteilung
Korück	Kommandant rückwärtiges Armeegebiet der Wehrmacht
Kp.	Kompanie – bei der Wehrmacht mit Zahlen (1. Kp. usw.)
Kp.Chef	Kompaniechef (Einheitskommandeur einer Kompanie)
Kp.Fhr.	Kompanieführer (mit der Führung beauftragter Offizier), auch Dienstgrad beim Volkssturm
Kp.Fw.	Kompaniefeldwebel
Kp.Trp.Fü.	Kompanie-Truppführer

K-Ration	*combat food ration US Army* – individuelle tägliche Lebensmittelration für den Kampf
Kraftf.Ers.Abt.	Kraftfahr-Ersatzabteilung
Kraftf.Lehr.Kdo.	Kraftfahr-Lehr-Kommando
Kraftf.Park	Kraftfahrpark
Kraftf.S.d.Lw.	Kraftfahrschule der Luftwaffe
Krim.Komm.	Kriminalkommissar
Krim.Sekr.	Kriminalsekretär
Krs.	Kreis (entspricht dem heutigen Landkreis)
KTB	Kriegstagebuch
KZ bzw. KL	Konzentrationslager (KL ist die ursprüngliche Abkürzung)
Lds.Schtz.Btl.	Landesschützenbataillon – eingesetzt u.a. für die Bewachung von Kriegsgefangenenlagern
lMG	Leichtes Maschinengewehr
le.Art.Abt.	Leichte Artillerieabteilung
le.Flak.Bttr.	Leichte Flakbatterie
le.Hei.Flak	Leichte Heimatflak
Lehr.Rgt.	Lehrregiment
Lkrs.	Landkreis
Ln.Rgt.	Luftnachrichtenregiment
Ln.S.	Luftnachrichten-Schule
LS	Luftschutz
Lsp.Abt.	Luftsperr-Abteilung
Lt.	*Lieutenant* (engl./amerik.), Leutnant (deutsch), 1st Lt. – Oberleutnant; 2nd Lt. – Leutnant
Lt.Col.	*Lieutenant Colonel* (engl./amerik.) – Oberstleutnant
Lt.Gen.	*Lieutenant General* (engl./amerik.) – Generalleutnant
Luftgau-Kdo.	Luftgau-Kommando der Deutschen Luftwaffe
Luftvert.Kdo.	Luftverteidigungskommando
Lw.Bau.Btl.	Luftwaffen-Baubataillon
Lw.Feld.K.Gr.	Luftwaffen-Feld-Kampfgruppe
Lw.Jg.Btl.	Luftwaffen-Jäger-Bataillon – Infanterieeinheit der Luftwaffe
Lw.San.Staffel	Luftwaffen-Sanitätsstaffel
Lw.Kdo.	Luftwaffenkommando
Lfl.Kdo.	Luftflottenkommando
(M)	Magenkranke, Einheit der Wehrmacht mit Magenkranken
Mannsch.	Mannschaftsdienstgrade
Maj.	Major (engl./deutsch)
Maj.Gen.	*Major General* (engl./amerik.) – Generalmajor
Me-109/Bf-109	Messerschmidt Bf 109 – Jagdflugzeug, Bf steht für Bayerische Flugzeugwerke
Me-110	Messerschmidt Bf-110 – Zerstörer, Jagdbomber
Me-163	Messerschmidt 163 „Komet“ – Erster einsatzfähiger Raketenjäger der Welt.
Med Bn	*Medical Battalion* (engl./amerik.) – Sanitätsbataillon
MG	*Military Government* (engl./amerik.) – Militärregierung

MG	Maschinengewehr
MGFA	Militärgeschichtliches Forschungsamt
MGO	*Military Government Officer* (engl./amerik.) – In der Division eingesetzter Offizier für Fragen der Militärregierung – Leiter der G-5 Abteilung
MIA	*Missing in Action (amerik.)* – Vermisst im Einsatz
MII-Team	*Military Industrial Investigation Team* (amerik.) – Einheit innerhalb einer amerikanischen Division zur Suche nach industriellen und wissenschaftlichen Neuheiten
Mort Pla.	*Mortar Platoon* (amerik.) – Granatwerferzug in der HQ Co. der Tk Bn, ausgerüstet mit 81-mm-Granatwerfern
(mot.)	motorisiert
MP	*Military Police* (engl./amerik.) – Militärpolizei
MPi	Maschinenpistole
MSR	*Main Supply Road* (engl./amerik.) – Hauptversorgungsstraße
Muna	Munitionsanstalt
Na.Abt.	Nachrichtenabteilung
Napola	Nationalpolitische Erziehungsanstalt (volkstümlich), N.P.E.A.
NARA	*National Archives Record Administration* – Nationalarchiv der USA
NKWD	*Narodny Kommissariat Wnutrennich Djel* (russ.) – Volkskommissariat für Nationale Angelegenheiten der UdSSR – Träger der Geheimpolizei
No.	Number (engl./amerik.) – Nummer
N.P.E.A.	amtl., volkstümlich *Napola,* Nationalpolitische Lehranstalt
NSB	*Nationaal Socialistische Beweging* (holländ.) – Nationalsozialistische Bewegung der Niederlande unter Führung von Anton Mussert.
NSDAP	Nationalsozialistische Deutsche Arbeiterpartei
NSFK	Nationalsozialistisches Fliegerkorps
NSFO	Nationalsozialistischer Führungsoffizier – Mit Führererlass v. 22.12.43 zur politischen Schulung in den Einheiten der Wehrmacht NSFO eingesetzt
NSKK	Nationalsozialistisches Kraftfahrkorps
NSV	Nationalsozialistisches Volkswohlfahrt – Organisation der Partei zur Betreuung der Bevölkerung und für Hilfsdienste
(o)	ortsfest – Flakgeschütze auf statischem Sockel in fester Stellung
Ob.d.E.	Oberbefehlshaber des Ersatzheeres
Ob.d.H.	Oberbefehlshaber des Heeres
Oberst i.G.	Oberst im Generalstab
Oberf.	Oberführer der SS, SA, vergleichbar Oberst
OBgm.	Oberbürgermeister
Oblt.	Oberleutnant
Obstlt.	Oberstleutnant
Obstgruf.	Oberstgruppenführer der SS, vergleichbar Gen.Obst.
OB West	Oberbefehlshaber West
Offz.	Offiziere
Offz.Bew.Schule	Offiziersbewerberschule
Offz.Nachw.Kp.	Offiziersnachwuchskompanie
Oflag	Kriegsgefangenenlager für Offiziere
Ofm.	Oberfeldmeister des RAD, entspricht Oblt.

Ofw.	Oberfeldwebel
Ogefr.	Obergefreiter
OKH	Oberkommando des Heeres
OKL	Oberkommando der Luftwaffe
OKW	Oberkommando der Wehrmacht
OQu.-Abt.	Oberquartiermeisterabteilung der Armee
Ordn Co.	*Ordnance Company* (engl./amerik.) – Instandsetzungskompanie
OrPo	Ordnungspolizei
Oscha.	Oberscharführer der SS, vergleichbar Feldwebel
OSS	*Office of Strategic Services*, (amerik.) Nachrichtendienst des amerikanischen Kriegsministeriums von 1942 bis 1945
Ostfm.	Oberstfeldmeister des RAD, vergleichbar Hptm.
Ostubaf.	Obersturmbannführer der SS, vergleichbar Obstlt.
Ostuf.	Obersturmführer der SS, vergleichbar Oblt.
OT	Organisation Todt – paramilitärische Bautruppe bzw. Ortsteil
Pak	Panzerabwehrkanone
Pfc.	*Privat First Class* (engl./amerik.) – Gefreiter
Pi.Btl.	Pionierbataillon
Pi.S.	Pionierschule
Pkt. bzw. TP	Punkt – geografische Ortsangabe, meist Trigonometrischer Punkt
Pkw	Personenkraftwagen
Plat.	*Platoon* (engl./amerik.) – Zug, Teil einer Kompanie
Plat.Sgt.	*Platoon Sergeant* (engl./amerik.) – Zugfeldwebel
Plat.Leader	*Platoon Leader* (engl./amerik.) – Zugführer
Prof.	Professor
Prov. MG. Detachment	*Provisional Military Government Detachment* (amerik.) – Provisorisches Militärregierungskommando
Pvt.	*Privat* (engl./amerik.) – niedrigster Soldatendienstgrad der *US Army*
PW/POW	*Prisoner of War* (engl./amerik.) – Kriegsgefangener
PWE	*Prisoner of War Enclo*se (engl./amerik.) – Kriegsgefangenenlager
Pz.Abw.Abt.	Panzerabwehrabteilung
PzAOK	Panzer-Armee-Oberkommando
PzArmee	Panzerarmee
Pz.Abt.	Panzerabteilung
Pz.Aufkl.Abt.	Panzeraufklärungsabteilung
Pz.Aufkl.Lehr.Kp.	Panzeraufklärungs-Lehr-Kompanie
Pz.Ausb.Abt.	Panzer-Ausbildungsabteilung
Pz.Ausb.Vbd.	Panzerausbildungsverband
Pz.Fla.Ers.u.Ausb.Abt.	Panzer-Flugabwehr-Ersatz-u. Ausbildungs-Abteilung
Pz.Flamm.Ausb.Kp.	Panzer-Flammenwerfer-Ausbildungs-Kompanie
Pz.Brig.	Panzerbrigade
PzGrenDiv	Panzergrenadierdivision
Pz.Gren.Btl.	Panzergrenadierbataillon
Pz.Gren.Ers.u.Ausb.Rgt	Panzergrenadier-Ersatz- u. Ausbildungsregiment
Pz.Gren.Rgt.	Panzergrenadierregiment
Pz.Jgd.Div.	Panzerjagddivision
Pz.Jgd.Kdo.	Panzerjagdkommando
Pz.Jgd.Vbd.	Panzerjagdverband

Pz.Jg.Ers.u.Ausb.Abt.	Panzerjäger-Ersatz- u. Ausbildungsabteilung
Pz.Jg.Lehr.Abt.	Panzerjäger-Lehr-Abteilung
PzK	Panzerkorps
PzKpfw	Panzerkampfwagen
Pz.Lehr.Div.	Panzer-Lehr-Division
Pz.Na.Abt.	Panzer-Nachrichtenabteilung
Pz.Pi.Btl.	Panzer-Pionierbataillon
Pz.Rgt.	Panzerregiment
Pz.Schtz.	Panzerschütze
Pz.Tr.	Panzertruppe
Pz.Vern.Trp.	Panzervernichtungstrupp
Pz.Versuchs.u. Ers.Abt. (Fkl)	Panzer-Versuchs- u. Ersatzabteilung (Funklenk)
Pz.Zerstörer.Trp.	Panzer-Zerstörertrupp
Qm Co.	*Quartermaster Company* (amerik.) – Versorgungskompanie der *US Army*
Qm Graves Registration Co.	*Quartermaster Graves Registration Company* (amerik.) – Gräberregistrierungs-Kompanie der *US Army*
R	Reichsstraße, (dann Fern- bzw. Bundesstraße)
RAB	Reichsautobahn
RAD	Reichsarbeitsdienst
RADwJ	Reichsarbeitsdienst der weiblichen Jugend
RAF	*Royal Air Force* (brit.) – Königliche Britische Luftwaffe
Rcn Plat.	*Reconnaissance Platoon* (engl./amerik.) – Aufklärungszug
Rcn Tp.	*Reconnaissance Troop* (engl./amerik.) – Aufklärungskompanie der CavRcnSq
RCT	*Regimental Combat Team* (engl./amerik.) – Regimentskampfgruppe (in den US InfDiv) – trägt die Nummer des Regiments, durch welches sie gebildet wird – z. B. RCT 38
Regtl.CP	*Regimental Command Post* (engl./amerik.) – Regimentsgefechtsstand
Regtl.Res.	*Regimental Reserve* (engl./amerik.) – Regimentsreserve
Rekr.Ausb.Rgt.	Rekruten-Ausbildungsregiment (ung. Armee)
Res.Art.Abt.	Reserveartillerieabteilung
Res.Gren.Btl.	Reserve-Grenadierbataillon
Res.Div.	Reservedivision
Res.Laz.	Reservelazarett
Res.Laz.Kp.	Reservelazarett-Kompanie
Res.Pz.Abt.	Reserve-Panzerabteilung
ResPzDiv	Reserve-Panzerdivision
RfL	Reichsamt für Landesaufnahmen
RFSS	Reichsführer SS
Rgt.	Regiment – deutsche Abkürzung
RIM	Reichsinnenministerium
RK	Ritterkreuz
RLB	Reichsluftschutzbund
RLM	Reichsluftfahrtministerium
ROB	Reserve-Offiziersbewerber
R.Rgt.	Reiterregiment
RSHA	Reichssicherheitshauptamt der SS

Rü.Kdo.	Rüstungskommando, Außenstellen des Reichsministers für Bewaffnung und Munition
SA	Sturmabteilung, paramilitärische Kampforganisation der NSDAP – entstanden in der Weimarer Republik
San.Abt.	Sanitätsabteilung
San.Fw.	Sanitätsfeldwebel
SBZ	Sowjetische Besatzungszone in Deutschland
SchP.	Schutzpolizei, Dienstgradzusatz für Angehörige der Schutzpolizei
Schtz.Rgt.	Schützenregiment
schw.	schwere (z.B. Artillerie)
Sect.	*Section* (engl./amerik.) – Halbzug, Teil eines Platoon der *US Army*
SD	Sicherheitsdienst des SS
s.F.H.	Schwere Feldhaubitze der Wehrmacht
SFL	Selbstfahrlafette – Waffenträger für Geschütze aller Art
Sgt.	*Sergeant* (engl./amerik.) – Unteroffizier
SHAEF	*Supreme Headquarters Allied Expeditionary Force* (engl./amerik.) – Oberstes Hauptquartier der Alliierten Expeditionsstreitkräfte in Europa
SHD	Sicherheits- und Hilfsdienst
s.Hei.Flak.	Schwere Heimatflak
sMG	schweres Maschinengewehr
SdKfz	Sonderkraftfahrzeug
SPC	*Signal Photographic Company* (engl./amerik.) – Kriegsberichterstatter-Kompanie der *US Army*
SPW	Schützenpanzerwagen
Sq.	*Squad* (engl./amerik.) – Gruppe, kleinste militärische Einheit
SS	Schutzstaffel der NSDAP (1925 gegr. als „Stabswache“ zum persönlichen Schutz Hitlers; bis 1934 Unterorganisation der SA, danach unter Himmler eigenständiges Repressionsorgan der NSDAP)
SSgt.	*Staff Sergeant* (engl./amerik.) – Unterfeldwebel
SS-Feldgend.Ausb.u. Ers.Kp.	SS-Feldgendarmerie-Ausbildungs- u. Ersatzabteilung
SS-Frw.-PzGrenDiv	SS-Freiwilligen-Panzergrenadierdivision
SS-GebDiv	SS-Gebirgsdivision
SS-Geb.Jg.Rgt.	SS-Gebirgsjägerregiment
SS-Kraftf.Ausb.u.Ers.Rgt.	SS-Kraftfahr-Ausbildungs- u. Ersatzregiment; Im Gegensatz zur Wehrmacht kam bei den Verbänden der Waffen-SS der Begriff „Ausbildung“ vor dem Begriff „Ersatz“
SS-Pz.Unterf.Ausb.u. Lehr.Abt.	SS-Panzer-Unterführer-Ausbildungs- u. Lehrabteilung
Stadt.Kdt.	Stadtkommandant
Stafü	Standartenführer der SS/SA, vergleichbar Oberst
Stamm.Kp.	Stammkompanie der Ersatz- u. Ausbildungsbataillone
Standort.Btl.	Standortbataillon
Stalag	Stammlager – deutsches Kriegsgefangenenlager
Stapo	Staatspolizei
StArch	Stadtarchiv
Stellv. AK	Stellvertretendes Armeekorps – vom Wehrkreis aufgestellt

Stellv. Gen.Kdo.	Stellvertretendes Generalkommando – Stab des Stellv. AK
StFw.	Stabsfeldwebel
StGesch	Sturmgeschütz
St.Gesch.Brig.	Sturmgeschützbrigade
StoÄ	Standortältester der Wehrmacht
Sto.Kdt.	Standortkommandant
Sto.Kdtr.	Standortkommandantur
Sto.Kp.	Standortkompanie
StoMuna	Standort-Munitionsniederlage
StoÜbPl	Standort-Übungsplatz
Stubaf.	Sturmbannführer der SS, vergleichbar Major
Sturm.Pi.Lehr.u. Res.Btl.	Sturm-Pionier-Lehr- u. Reservebataillon
Sw.Ers.Abt.	Scheinwerfer-Ersatzabteilung
Svc Co.	*Service Company* (engl./amerik.) – Versorgungskompanie
(t)	(tschechisch) – tschechisches Fahrzeuggestell
TAC	*Tactical Air Command* (engl.(amerik.) – Taktisches Luftkommando
Tac CP	*Tactical Command Post* (engl./amerik.) – zeitweiliger Gefechtsstand
TD Bn	*Tank Destroyer Battalion* (amerik.) – Panzerjägerbataillon der *US Army*
Tec 3	*Technician 3rd Grade* (amerik.) – Techniker; Dienstgrad *US Army* = Tec 3 = Staff Sergeant, Tec 4 = Sergeant, Tec 5 = Corporal
Techn. Btl.	Technisches Bataillon der Wehrmacht
TeNo	Technische Nothilfe, Vorgänger des Technischen Hilfswerks
TF	*Task Force* (engl./amerik.) – Kampfgruppe, bestehend aus allen Waffengattungen in US-Divisionen, gebildet für einen bestimmten Auftrag
ThHStA	Thüringisches Hauptstaatsarchiv
Tk Bn	*Tank Battalion* (engl./amerik.) – Panzerbataillon der *US Army*
T-Mine	Tellermine – Panzerabwehrmine der Wehrmacht
TNT	Trinitrotoluol – Sprengstoff
to	Tonne – Gewichts- bzw. Traglastangabe
Tp.	*Troop* (engl.) (engl./amerik.) – Kompanie der CavRcnSq
Trains	(engl./amerik.) – Anhang, Rückwärtige Einrichtungen der US Divisionen – Nachschub-, Instandsetzungs- und Medizinische Einheiten.
Treadway-Brücke	*Treadway-Bridge* (amerik.) – amerikanische Schwimmbrücke
Trp.Fhr.	Truppführer
TrÜbPl	Truppenübungsplatz
Trwy Br Co.	*Treadway-Bridge* Company (amerik.) – Brückenbaukompanie
T/Sgt.	*Technical Sergeant* (amerik.) – entspricht *First Sergeant*, Stabsfeldwebel
TUSA	Abkürzung für *Third US Army* (amerik.)
TWX-Telegramm	Telegramm mit besonderer Vorrangstufe
Uffz.	Unteroffizier
ü.NN.	Über Normalnull (Meereshöhe), Höhenangabe

UNRRA	*United Nations Relief and Rehabilitation Administration (engl./amerik.)* – Nothilfe- u. Wiederaufbauverwaltung der UNO. Aufgabe der UNRRA war die Unterstützung der Militäradministration bei der Repatriierung der Displaced Persons. Der UNRRA kam dabei die Aufgabe zu, die Lager in den befreiten Gebieten zu betreuen. Für jedes Lager war ein UNRRA-Team zuständig, das der örtlichen Militärkommandantur unterstellt war.
USAAF	*United States Army Air Force* (amerik.) – Luftwaffe der *US Army*, heute nur noch *United States Air Force* als eigenständige Teilstreitkraft
Ustuf.	Untersturmführer der SS, vergleichbar Leutnant
USHMM	United States Holocaust Museum, Washington D.C.
(v)	(verlegbar) Zusatz bei Flakeinheiten der Luftwaffe
Vers.Kp.	Versorgungskompanie
Vet.Ers.Abt.	Veterinär-Ersatz-Abteilung
VolksGrenDiv	Volksgrenadierdivision – Bezeichnung für Divisionen der letzten Aufstellungswellen der Wehrmacht
VolksArt.Korps	Volks-Artillerie-Korps
VS-Mann/Einheit/Btl.	Volkssturmmann, Einheit, Bataillon
V-Waffen	Vergeltungswaffen, auch Wunderwaffen – Bezeichnung für die ersten Marschflugkörper und Großraketen der Wehrmacht
VW-Kübel	Leichter Geländewagen der Volkswagen-Werke
Waffen-SS	Entsteht 1933 aus der Allgemeinen SS als „Stabswache Berlin“ – später „Leibstandarte Adolf Hitler“; 1935 entsteht daraus die „SS-Verfügungstruppe“ mit Standarten im Reich (u.a. eingesetzt beim Betrieb der KZ), die mit Beginn des 2. Weltkriegs zur Waffen-SS ausgebaut wird; gegen Ende des Krieges rund 900.000 Mann.
WASt	Wehrmachtsauskunftsstelle
WBK	Wehrbezirkskommando
Web	Eintrag im weltweiten Internet
WEL	Wehrertüchtigungslager
WIA	*Wounded in Action (amerik.)* – Verwundet im Einsatz
W.Kr.	Wehrkreis
WFSt	Wehrmachtsführungsstab
WP	*White Phosphor Granate* (engl./amerik.) – Brand/Rauch-Granate
WVHA	Wirtschafts- u. Verwaltungshauptamt der SS
Wwi.Ers.Abt.	Wehrwirtschafts-Ersatz-Abteilung
WZA	Wehrmachts-Zentralamt
z.b.V.	Zur besonderen Verwendung
Zg.Fhr.	Zugführer, Führer einer militärischen Einheit

Nummerierungen:

I a	1. Generalstabsoffizier der Division (Wehrmacht), verantwortlich für Einsatz und Führung
I b	2. Generalstabsoffizier der Division (Wehrmacht), Quartiermeister
I c	3. Generalstabsoffizier der Division (Wehrmacht), verantwortlich für Feindlage und Abwehr
G-1/S-1	Personalabteilung bei der *US Army* („G" bei Army/Div., „S" bei Regt./Gp./Bn)
G-2/S-2	Abteilung für Feindaufklärung der *US Army*
G-3/S-3	Abteilung für Operationen und Planungen der *US Army*
G-4/S-4	Abteilung für Logistik der *US Army*
G-5	Abteilung für administrative Aufgaben der *US Army* in besetzten Gebieten (*Civil Affairs/Military Government*); spezielle *G-5 Sections* gab es ab Ebene der Divisionen
1./271	1. Bataillon des 271st InfRgt, hier der 69th US InfDiv der *US Army*

Kaliber/Entfernungs- und Längenangaben

.30cal	Kaliber 7,62 mm (amerik.)
.50cal	Kaliber 12,7 mm (amerik.)
4,2inch	Kaliber 106,7 mm
8inch	Kaliber 203 mm
Meile	1,6093 Kilometer
Yard	0,914 Meter
Feet	0,305 Meter

Abkürzungen Bundesländer :

BB	Brandenburg
BE	Berlin
BW	Baden-Württemberg
BY	Bayern
HE	Hessen
NI	Niedersachsen
MV	Mecklenburg-Vorpommern
SN	Sachsen
ST	Sachsen-Anhalt
TH	Thüringen

13. Personen- und Ortsverzeichnis

A
Adorf 52, 55
Aken 43
Allendorf 30
Allstedt 35
Altenburg 38, 39, 40
Alsleben 36
Alten 48
Altmark 58, 110
Altremda 36
Apollensdorf 52
Arnshagen 39
Arnstadt 26, 33, 37
Arzberg 49, 50
Aschersleben 43, 50
Asch (Aš) 49, 50, 52
Audigast 35
Auerbach 55

B
Bad Berka 36
Bad Blankenburg 34, 36
Bad Frankenhausen 33
Bad Kösen 34
Bad Lauchstädt 14, 35
Bad Lauterberg 35
Bad Liebenwerda 18, 21
Bad Neustadt a.d.Saale 12
Bad Salzungen 28
Bad Sooden 27, 29, 30
Bad Sulza 33
Ballenstedt 16. 44
Balow 53
Bamberg 43, 45
Barby 15, 34, 36, 38, 39, 40, 41, 43
Bartolfelde 33
Bayreuth 29, 30, 58, 110
Bebitz 40
Bengendorf 26
Bennewitz 42
Berga 42
Bergen 44
Berka 26, 27, 33
Berlin 6, 7, 8, 10, 16, 19, 20, 21, 39, 98, 110
Berlin-Karlshorst 23, 24, 55
Bernburg 41, 43

Beulbar 35
Beulwitz 36
Beutelsdorf 37
Bettenhausen 30
Birk 46
Bitterfeld 14, 40, 46, 47, 48
Blankenberg 39
Blankenburg/ST 45, 47
Blankenheim 35
Bleilochtalsperre 39
Bobbau-Steinfurth 46, 47
Bockelnhagen 32
Bock-und-Teich 36
Bodenbach 17
Bonn 8
Bombeck 47
Borna 14, 38, 40, 48
Bradley, General 6, 7, 8, 9
Brandenburg 15, 98
Braunlage 43
Breitenbach 37
Breitenhagen 40, 44, 45, 47
Brockau 42
Buchenwald 28, 34
Burgstädt 40
Buttstädt 34

C

Camburg 15, 34
Carsdorf 38
Cattenstedt 48
Cham 45
Chemnitz 10, 17, 18, 40, 42, 45, 47, 58, 110
Churchill 6, 7, 8
Clausthal-Zellerfeld 35
Coburg 28, 29, 31, 33, 34, 58, 110
Colbitz-Letzlinger Heide 39
Colditz 40, 42
Coswig 19, 21, 22
Crawinkel 33
Creuzburg 26, 27
Crimmitschau 40

D

Dannenberg 48, 49
Datterode 27
Delitz am Berge 35
Delitzsch 14, 46, 47, 48
Derenburg 44

Dessau 10, 11, 15, 16, 20, 21, 38, 41, 43, 47, 49, 53, 58, 110
Deutzen 38
Dieskau 46
Döllstädt 31
Dömitz 21
Dornbock 44
Draisdorf 40
Dresden 6, 10, 13, 17, 18
Düben 14, 20
Düsseldorf 8

E
Ebeleben 32
Eger [Cheb] 20, 52, 54, 55
Ehrenstein 36
Eichsfeld 11, 27, 32, 58, 110
Eilenburg 14, 42, 48–52, 58, 110
Einsiedl [Mnichov] 55
Eisenach 12, 26, 28–30, 58, 110
Eisenhower 6–9, 16
Eisfeld 34
Elbenau 36
Elbingerode 20, 46
Ellrich 35
Elstergebirge 58, 110
Elsterwerda 18
Erfurt 6, 10, 15, 31, 32, 34, 35, 58, 110
Erzgebirge 58, 110
Eschwege 27-30
Espenfeld 28, 33
Esterholz 46
Etzelbach 37, 39
Eythra 44

F
Falkenau [Falknov] 55
Falkenstein 55
Fernsdorf 40
Fichtelgebirge 58, 110
Finsterbergen 32
Fläming 58, 110
Flörke, Gen.Lt. 20
Frankenheim 26
Forst Knesebeck 44
Forst Klötze 45, 46, 48
Förtschendorf 37
Frankenwald 58,110
Frankfurt/Main 9, 10, 12
Freienbessingen 32

Friedeburg, GenAdm. 23
Friedeburg 36
Friedrichroda 12, 30
Friedrichsbrunn 44
Fulda 12, 58, 110

G
Gefrees 41
Gera 13, 33, 39, 40, 58, 110
Gehlberg 31
Gehren 34
Georgenthal 31
Geraberg 33
Gerstungen 30
Gierstädt 31
Glauchau 40
Gleima 37
Goebbels 9, 25, 57
Görlitz 14
Göschwitz 34
Gotha 11, 12, 13, 27, 28, 29, 30, 31, 32, 110
Göttingen 31
Gottmannsgrün [Trojmezi] 48
Griebo 21
Graditz 14
Gräfentonna 30
Gräfenhain 32
Greiz 42, 43
Greppin 44, 47
Grieben 38, 39
Grimma 14, 16, 17, 19– 21, 40, 42, 49
Grimmenthal 26
Gröningen 33
Großalmerode 28, 29
Großbreitenbach 34
Großburschla 27
Großfahner 31
Großkühnau 48
Groß-Rosenburg 39
Großwerther 32
Grünewalde 36
Grumbach 37
Gudersleben 33
Güntersberge 16
Güsten 43
Gutendorf 34

H
Haar 54

Haid [Bor] 54
Halberstadt 33, 36
Halle 6, 10, 11, 14–16, 18, 36, 38, 41, 43, 44, 46, 58, 110
Hannover 10, 51
Hardisleben 33
Harz 58, 110
Harzgerode 16
Hasselfelde 43
Hausser, Gen.Oberst 12
Haßlau 39
Heimburg 44, 47
Heldra 27
Heldrungen 13, 33
Henningsleben 28
Hermann, Gen.Maj. 14, 18, 19
Hersfeld 26
Herzberg 18, 33
Heyerode 27
Hildburghausen 29
Hitler, Adolf 9, 11, 19, 21, 56. 95, 97
Hitzfeld, Gen.d.Inf. 13
Hof 39, 41, 42, 58, 110
Hohenferchesa 15
Hohenmölsen 37
Holdenstedt 35
Hollsteitz 35
Hörselgau 27
Hoth, Gen.Obst. 13, 17
Hünfeld 12
Hüttenrode 46

I

Ilberstedt 43
Ilmenau 33
Ilmsdorf 35

J

Jena 15, 34, 35, 37, 39, 52
Jessnitz 43, 44, 47
Jodl, Gen.Obst. 23
Jüchsen 31

K

Kaltensundheim 26
Karlsbad [Karlovy Vary] 54, 55
Kassel 6, 9, 10, 11, 13, 26–29, 58, 110
Kaufungen 37
Keitel, GFM 21, 23, 24
Kelbra 35

Kitzscher 40
Kesselring, GFM 12, 13, 18, 22, 56
Kleinfahner 31
Kleinheringen 34
Kleinkühnau 47
Kleinwerther 32
Kleinwolschendorf 41
Klepzig 41
Klingenthal 55
Klostermansfeld 50
Knottengrund 42
Köhler, Oberst 14, 16, 18, 19
Koblenz 8
Königsee 34
Königslutter 48, 49
Körnitz 40
Köthen 40, 41, 46
Kranichfeld 26, 34, 36
Kretzschau 35
Kronach 37
Krostitz 47
Kühnhausen 32
Kulmbach 15
Kültzschau 51
Kunitz 35
Kuttenplan [Chodová Planá] 54
Kynšperk [Königsberg] 55

L

Laasan 35
Langenbach 41
Langenhain 27
Langensalza 5, 11, 12, 27–31
Langenstein 44
Langenwiesen 34
Lastau 40
Lauchröden 27
Lauenburg 15
Lauscha 36
Leipzig 6, 10,14, 17, 18, 40, 42, 43, 44, 46, 58, 110
Lengenfeld 44
Lettin 38
Leuna 14, 40
Lichtenberg 37, 39
Libbes 41
Limbach 39
Lobenstein 39
Lothra 37

Lucka 37
Lüchow 47, 48
Lucht, Gen.d.Art. 13, 21
Lützen 44
Lunzenau 40
Lützkewitz 38

M
Magdeburg 10, 15, 16, 20, 21, 33, 34, 36, 38, 39, 41, 43, 44, 47, 55, 58, 110
Mägdesprung 43, 44
Marisfeld 31
Markneukirchen 55
Marksuhl 28
Marshall, General 8
Mechelgrün 42
Meiningen 26, 29, 30, 31
Meisdorf 44
Meißen 17, 22
Mellingen 35
Merkers 28
Merseburg 6, 11, 14, 35, 37, 38, 40
Merzien 41
Michaelstein 20, 21, 48
Mies [Stribro] 54
Mitterteich 15
Mittweida 17, 40, 58, 110
Möckern 39
Mockrehna 18, 19
Möllendorf 19
Montgomery, Field Marshal 6, 8, 53
Münchberg 39
Mühlberg 28
Mühlhausen 10–13, 26–31
Müller, Gen.Maj. 17
Münster 11, 13

N
Naumburg 15, 35, 36, 58, 110
Nauen 20, 21
Nebra 35
Neudorf II [Trstênice] 54
Neuhof 33
Neukirchen 26
Neustadt a. Rennsteig 33
Niederhone 28, 29
Niederröblingen 35
Nienburg 35
Nordhausen 31–33, 36, 58, 110
Nordheim/Rhön 31

Northeim 31
Nöthnitz 13
Nürnberg 54

O
Oberhof 11, 27, 29
Oberkossa 38
Oberlind 36
Oberröblingen 35
Obersachswerfen 33
Obersdorf 35
Oberwinkel 37
Ohrdruf 28, 29
Oelsnitz 42
Opperode 44
Osterhagen 33
Osterode 33

P
Pansfelde 43
Passau 22
Patton, General 8–10
Pausa 41
Pegau 35–37
Penig 39
Petersen, Gen.d.Inf. 15, 17, 19, 20, 56
Petersroda 46
Pettstädt 35
Peuschen 39
Pilsen [Plzeň] 54, 55
Pirna 17
Plan [Planá] 54
Plauen 41, 42, 45, 58, 110
Pölsfeld 35
Potsdam 16, 19, 21, 22, 57, 110
Prag 55
Pretzetze 47
Pretzsch 51
Profen 37

Q
Quedlinburg 44, 50
Quellendorf 40
Querfurt 13, 36

R
Rackwitz 47
Radewell 46
Randau 34
Rappelsdorf 31

Rathke, Gen.Lt. 18, 19
Regis-Breitingen 38
Rehau 46
Reichenbach/Vogtland 43
Reichenhausen 26
Reichensachsen 27
Reims 55
Reinhardsbrunn 12
Remagen 8
Reuden 40, 44
Ringleben 33
Riesa 14, 16–18, 21, 22, 110
Rochlitz 38, 40
Rodewisch 55
Roitzsch 43, 46
Ronsperk 53
Roosevelt 7, 8
Roßbach [Hranice] 48, 49
Rossendorf 35, 37 38
Roßlau 15, 20
Rötha 49
Rothenberga 33
Rothenstein 36, 37
Rottersdorf 37
Rudisleben 33
Rudoletz [Rudolec] 55
Rudolstadt 36
Ruhla 30
Ruhland 18

S
Saalfeld 37
Sachsa 35
Sachsenburg 33
Salzwedel 42, 44, 47
Sandersdorf 40, 43
Sangerberg [Promeny] 55
Sangerhausen 35, 51
Schalkau 34
Scheiditz 35
Scherer, Gen.Lt. 18, 19
Schildau 14, 19
Schkauditz 37
Schkopau 14
Schladitz 47
Schleusingen 29, 30
Schlotheim 12, 28, 32
Schmalkalden 28, 29

Schmiedefeld 31
Schmorda 39
Schönbach [Krásná] 55
Schönebeck 34, 36, 39, 47
Schörner, GFM 19
Schostorf 46
Schulz, Gen.d.Inf. 11, 12, 17, 23
Schukow, Marschall 23
Schwabsdorf 34
Schwarza 37
Schwarzbach 27
Schwarzenberg 54
Schweinfurt 12, 13, 58, 110
Seebach 31
Seebergen 30
Selb 46
Selbitz 37, 39
Siegmar 40
Silkerode 32
Simpson, General 9, 10, 16
Sondershausen 33
Sonneberg 36
Spichra 26
Spora 38
Stadtilm 34
Stalin 6, 7
Steinach 36
Steinbach a. Wald 37
Steinberg 37
Steinheid 34
Stendal 23
Steimke 44
Stiege 16
Stockheim 40
Stollberg 54
Straußfurt 32
Strehla 50
Streitau 39
Struth 30
Stumpff, Gen.Obst. 23
Stützerbach 31
Stutzhaus 32, 33
Suhl 12, 27, 28, 30
Süßenborn 12, 15

T
Tangermünde 34, 36–38
Tanne 43

Tannenbergsthal 55
Tannroda 36
Tambach 30
Taucha 48
Telschen 17
Tettenborn 33
Thal 31
Thale 20, 46
Thalheim 40, 44
Themar 29, 30
Theuma 44
Thierbach 40
Thonbrunn [Studánka] 49
Thurland 40
Tirschenreuth 20
Torgau 14, 22, 50, 51, 110
Törten 40, 41, 43, 44, 46
Toba 31
Tonndorf 34
Tornitz 39
Treuen 44
Treuenbrietzen 21
Tröstau 46
Trubenhausen 29

U
Uckermann, Gen.Lt. 12, 15
Ulrichshalben 34

V
Vacha 12, 26, 27
Volkach am Main 12
Volkerode 30

W
Wahrenberg 47
Waidhaus 54
Wanfried 27
Waldheim 55
Wallhausen 35
Waltershausen 29, 34
Warza 28
Wasungen 26, 28
Weida 39, 40
Weiden 54
Weimar 10, 12, 13, 15, 34, 35, 39, 95, 58, 110
Weißenfels 13–15, 35–38
Weltewitz 42
Wenck, Gen.d.Pz.Tr. 11, 16–19, 21, 22, 56

Werben/Elbe 34
Werdau 42, 43
Werkleitz 39
Westerhüsen 39
Wiesenburg 20, 21
Wilkau 39, 45
Wittenberg 11, 19, 22, 52, 56, 58
Wittenberge 10, 34, 50, 56, 58, 110
Wittingen 42, 46
Witzleben 34
Woftleben 33
Wolfen 40, 44, 46, 47
Wolferstedt 35
Wölfis 30
Wolfsburg 44
Wolkenburg 37, 39
Wunsiedel 46
Wüstenbrand 39
Wutha 30
Wurzen 14, 50

Z

Zella-Mehlis 12, 29, 31
Zeitz 13, 14, 35, 37–40, 110
Zerbst 51, 52, 110
Zeulenroda 41, 42
Zorge 43
Zschernitz 46
Zschopau 58, 110
Zwackau 39
Zwenkau 42, 44
Zwickau 37, 38, 39, 40, 42, 43, 45, 58
Zwinge 32

Der Autor, Jürgen Möller, wurde 1959 in Gotha/Thüringen geboren und beschäftigt sich seit mehr als 15 Jahren mit der militärgeschichtlichen Erforschung des Kriegsendes 1945 in Mitteldeutschland.

Foto privat

Im Ergebnisse dieser Forschungen wurde 2010 beim Verlag Rockstuhl Bad Langensalza die Dokumentationsreihe *„Das Kriegsende in Mitteldeutschland 1945“* ins Leben gerufen, die seitdem in inhaltlich abgeschlossenen Einzeldokumentationen den Ablauf der amerikanischen Besetzung Mitteldeutschlands 1945 darstellt.

Büchersuche Bände 1– 19

In welchem Buch finde ich meine Region?
Eine Orientierungshilfe

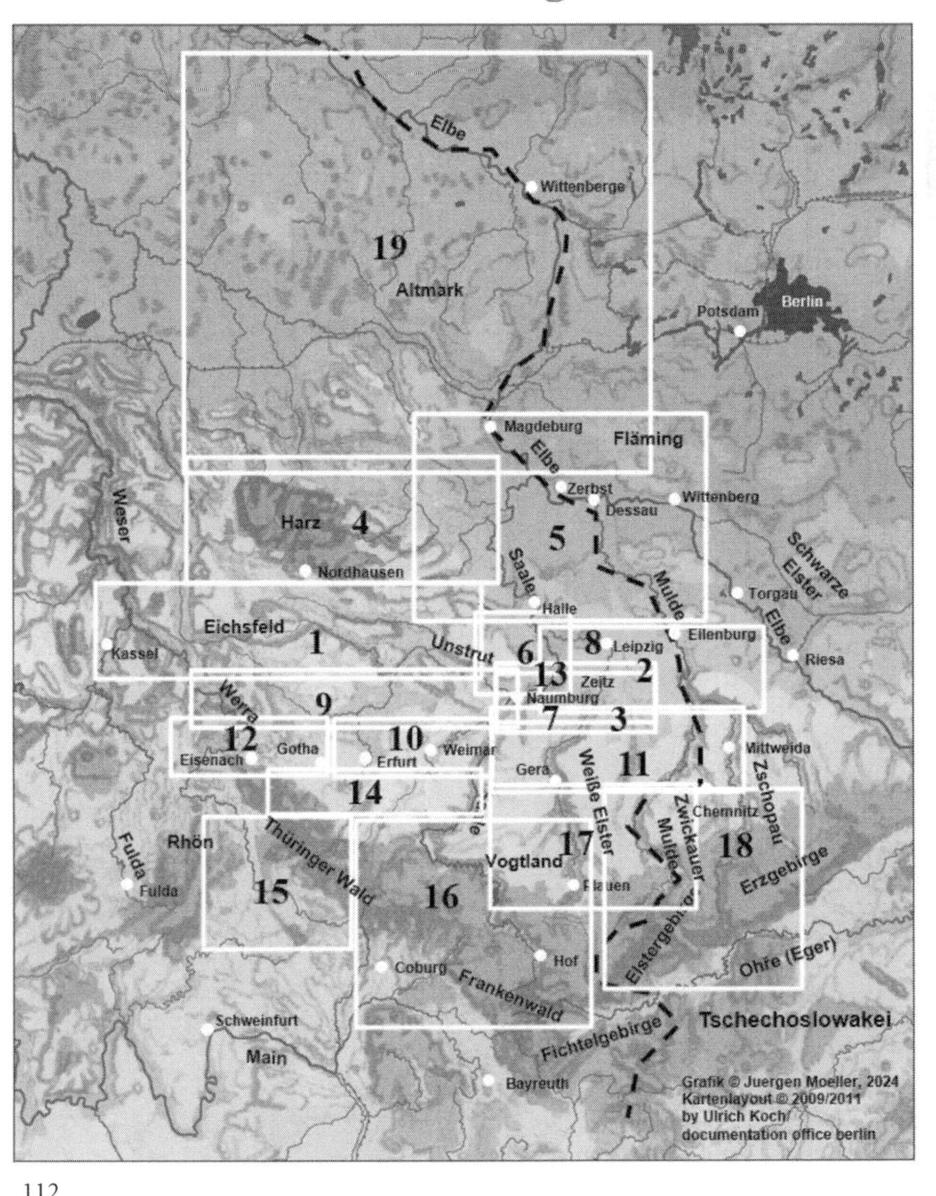

1. Band

Das erste Buch schildert einführend die militärische Lageentwicklung Ende März/ Anfang April 1945 und die Situation nach der Besetzung des Raumes Mühlhausen – Langensalza durch die 3rd US Army zwischen dem 4. und 8. April 1945. Daran anknüpfend wird der Vormarsch des V. US Corps der 1st US Army aus dem Raum Kassel – Göttingen durch Teile des Eichsfelds, der Hainleite und des Kyffhäusergebirges bis zur Unstrut und Finne sowie der weitere Vorstoß zur Saale für den Zeitraum 8.–12. April 1945 betrachtet. Dabei wird sich ausführlich mit der Besetzung der Städte Sondershausen und Bad Frankenhausen beschäftigt. Abschließend erfolgt eine kurze Betrachtung der amerikanischen Besatzungszeit bis zum Abzug der Amerikaner und der Eingliederung Thüringens in die Sowjetische Besatzungszone.

Festeinband, A5,
224 Seiten, 92 Abb.
978-3-86777-212-9
29,95 €

2. Band

Die hier vorliegende Dokumentation beschäftigt sich mit dem finalen Vorstoß des V. US Corps aus dem Raum Merseburg – Leuna – Weißenfels zur alliierten Haltelinie an der Mulde und der, damit verbundenen, Besetzung des Leipziger Südraumes. Detailliert werden die Phasen dieses Vormarsches dargestellt, analysiert und mit der Entwicklung des Gesamtkriegsverlaufs in Verbindung gesetzt. Umfassend wird die Rolle des mitteldeutschen Flakgürtels zum Schutz der mitteldeutschen Chemiezentren bei den Kämpfen im April 1945 behandelt, der, neben den fehlenden Flußübergängen, im Wesentlichem den Verlauf der amerikanischen Angriffsoperationen beeinflusst hat.
Eine umfangreiche Betrachtung des kurzen Zeitabschnittes der amerikanischen Besatzungszeit rundet die Dokumentation ab.

Festeinband, A5,
320 Seiten, 163 Abb.
978-3-86777-168-9
34,95 €

3. Band

Während der Schwerpunkt der Bücher der Grünen Reihe auf dem V. US Corps der 1st US Army lag, beschäftigt sich dieses Buch mit dem XX. US Corps der 3rd US Army. Dabei knüpft es im Hinblick auf die Einbindung von Zeitz in den mitteldeutschen Flakgürtel zum Schutz der Treibstoffindustrie und der Lage der Stadt an der rechten Flanke des Angriffstreifen des V. US Corps eng an die bisherigen Bücher an. Denn damit lag die Stadt Zeitz am 12. April 1945, an dem Tag, als die ersten amerikanischen Truppen die westlichen Stadtränder erreichten, genau auf der Trennungslinie zwischen der 1st US Army und der 3rd US Army. Und Zeitz liegt am Fluss Weiße Elster, dem letzten, großen Wasserhindernis vor der alliierten Haltelinie an der Zwickauer Mulde. Da die geografische Lage seit jeher ein wesentlicher Faktor für militärische Operationen ist, wurde Zeitz in den darauffolgenden Tagen ausschlaggebend für den Verlauf einer Vielzahl von Truppenbewegungen, denn die meisten Brücken über den Fluss waren zerstört oder beschädigt. Dadurch waren die alliierten Panzerspitzen gezwungen, ihre geplanten Vormarschrouten zu verlassen.

Festeinband, A5,
240 Seiten, 176 Abb.
978-3-86777-477-2
29,95 €

4. Band

Jürgen Möller
Der Kampf um den Harz April 1945
Der Vorstoß des VII. US Corps von der Weser durch das nördliche Eichsfeld und die Goldene Aue bis in den Raum Sangerhausen, die Besetzung von Nordhausen, die Befreiung des KZ Mittelbau-Dora und die Kämpfe zur Zerschlagung der deutschen Truppen im Harz
Verlag Rockstuhl

Das Buch schließt sich inhaltlich an das Buch „Der Kampf um Nordthüringen im April 1945“ an und beschäftigt sich mit dem Weg des VII. US Corps der 1st US Army durch Teile Niedersachsens, Thüringens und Sachsen-Anhalts.
Das Buch schildert neben der allgemeinen militärischen Lageentwicklung in Mitteldeutschland Ende März/Anfang April 1945 chronologisch den Vormarsch des VII. US Corps der 1st US Army nach dem Abschluss der Einkesselung des Ruhrgebietes über die Flüsse Weser und Leine, durch das nördliche Eichsfeld und den Westharz auf Nordhausen, die Befreiung des Konzentrationslagers „Mittelbau-Dora“ und den weiteren Vorstoß durch den Süd- und Ostharz und die Goldene Aue bis in den Raum Sangerhausen. Ergänzt wird die Dokumentation durch eine ausführliche Darstellung der Kampfhandlungen im Harz bis zur Zerschlagung des Harzkessels unter Einbeziehung der Operationen der 9th US Army im Nordharz und eine Kurzbetrachtung des Vormarsches des V. US Corps an der Südflanke des VII. US Corps.

Festeinband, A5,
352 Seiten, 92 Abb.
978-3-86777-257-0
29,95 €

5. Band

Das Buch knüpft lückenlos an das Buch „Der Kampf um den Harz April 1945“ an.
Das Buch schildert nach einem Kurzabriss der allgemeinen militärischen Lageentwicklung Anfang April 1945 in Mittel- deutschland und des bisherigen Weges des VII. US Corps von der Weser bis in den Raum Sangerhausen chronologisch den Vormarsch der Verbände des VII. US Corps, die nicht an den Kämpfen im Harz teilnahmen, aus dem Raum Sangerhausen bis zur alliierten Haltelinie an der Mulde zwischen Dessau und Eilenburg. Die Betrachtung beginnt am 13. April 1945 mit der Eroberung der Saale-Übergänge und der Aufnahme des Angriffs auf die Stadt Halle und die mitteldeutsche Industrieregion Dessau – Bitterfeld – Wolfen und endet mit der Einnahme der Sicherungsstellungen entlang der Mulde und dem Herstellen des Kontaktes mit den sowjetischen Truppen.

Festeinband, A5,
332 Seiten, 60 Abb.
978-3-86777-334-8
29,95 €

6. Band

Als die amerikanischen Verbände des V. US Corps der 1st US Army die Saale auf der Linie Schkopau – Merseburg – Leuna – Weißenfels erreichen, treffen sie nach Tagen des schnellen Vormarsches unerwartet auf massiven Widerstand. Niemand hatte sie vor dem Flakgürtel gewarnt, der zum Schutz der mitteldeutschen Industriezentren vor den alliierten Luftangriffen errichtet wurde. Dessen Flakgeschütze nehmen die anrollenden Panzer unter Beschuss und bremsen deren Vormarsch für einige Tage. Neben der Darstellung dieser Kampfhandlungen beschäftigt sich die Dokumentation mit dem verheerenden Zusammenhang zwischen der Existenz diesen Flakstellungen und dem Kriegsgeschehen der letzten Tage in Mitteldeutschland. Beim Vergleich zeigt sich, dass es hauptsächlich im Umfeld dieser Batterien zu Kampfhandlungen mit zum Teil hohen Opferzahlen auf beiden Seiten kam, während andere Regionen fast vollständig verschont blieben. Der Kampf und das Sterben der zumeist blutjungen deutschen Flaksoldaten konnte den amerikanischen Vormarsch zwar kurzzeitig verzögern, aufhalten konnte er ihn aber nicht.

Festeinband, A5,
224 Seiten, 170 Abb.
978-3-86777-457-4
29,95 €

7. Band

Das Buch knüpft thematisch an das Buch „Der Kampf um Nordthüringen im April 1945" an.
Es behandelt den Vorstoß des V. US Corps aus Nordthüringen zur Saale im Abschnitt Schkopau– Merseburg–Leuna–Weißen-fels–Naumburg, mit dem der letzte Angriff des V. US Corps zur alliierten Haltelinie an der Elbe und Mulde eingeleitet wurde. Hierbei liegt das Hauptaugenmerk neben der Besetzung des Giftgaslagers Lossa auf der Stadt Naumburg, die wenige Tage vor ihrer Besetzung auf Grund der in der Stadt vorhandenen militärischen Einrichtungen Ziel amerikanischer Bomberverbände geworden war und dabei eine große Anzahl an Opfern und Schäden erlitten hatte. Ergänzt wird die Dokumentation durch die Kurzdarstellung der Geschehnisse an den Flanken des V. US Corps. Abschließend wird die Rolle von Naumburg für die amerikanischen Truppen im mitteldeutschen Raum als Sitz einer Vielzahl von Stäben und logistische Drehscheibe für den Nachschub betrachtet.

Festeinband, A5,
256 Seiten, 184 Abb.
978-3-86777-456-7

29,95 €

8. Band

Die Dokumentation ergänzt die bisher erschienenen Bücher der Reihe „Das Kriegsende in Mitteldeutschland 1945" zum Vormarsch des V. US Corps im April 1945 mit einer detaillierten Darstellung der militärischen Besetzung des Stadtgebietes von Leipzig, auf die in den vorhergehenden Büchern nur ausschnittsweise eingegangen wurde. Sie versucht damit die vorhandenen Wissenslücken über die militärischen Operationen bei der Einnahme der Stadt zu schließen, die in den letzten Jahren im Zusammenhang mit Forschungen zu der Life-Magazine Fotoserie „Der letzte Tote des Krieges" vom 14. Mai 1945 des berühmten amerikanischen Kriegsreporters Frank Capa erkennbar wurden.

Damit ist das Buch auch ein Dank für die Bemühungen der Leipziger Bürgerinitiative zur Rettung des Gebäudes in der Leipziger Jahnallee, das am 18. April 1945 der Entstehungsort der Fotoserie „Der letzte Tote des Krieges" war und heute als „Capa-Haus" über die Stadtgrenzen von Leipzig hinaus bekannt ist.

Festeinband, A5,
312 Seiten, 296 Abb.
978-3-86777-687-5

29,95 €

9. Band

Dieses Buch ist der erste Teil einer dreiteiligen Darstellung des Vormarsches des XX. US Corps der 3rd US Army von der Überquerung der Werra bis zum Erreichen der alliierten Haltelinie zwischen Rochlitz an der Zwickauer Mulde und dem Raum Chemnitz im April 1945 und beschäftigt sich mit dem Vorstoß des Corps durch das obere Eichsfeld und der Einnahme der Städte Mühlhausen und Langensalza sowie der Fortsetzung des Vormarschs des nördlichen Angriffskeil des Corps durch das Thüringer Becken bis zur Saale-Linie zwischen Bad Kösen und Camburg. Dabei schließt das Buch lückenlos an die bisher erschienenen Bücher der Reihe an.
Ende März 1945 erreicht die 3rd US Army unter General Patton die Grenzen Thüringens und beginnt am 1. April 1945 mit dem Erreichen der Werra mit der Besetzung des mitteldeutschen Raumes. Mit der Einnahme von Mühlhausen und Langensalza stehen die Verbände ihres XX. US Corps am 6. April 1945 an der vorläufigen, befohlenen Haltelinie der 12th US Army Group.

Festeinband, A5,
336 Seiten, 140 Abb.
978-3-86777-647-9

34,95 €

10. Band

Am 10. April 1945 beginnt die Offensive nach Osten und am Abend des 11. April 1945 stehen die Panzer des XX. US Corps an der Saale. Während der nördliche Angriffskeil nach der Überwindung des Widerstandes im Raum nördlich von Erfurt fast ungehindert vorstoßen kann, liegen im Abschnitt des südlichen Angriffskeils die Städte Erfurt und Weimar, die nach dem Willen der Deutschen Führung verteidigt werden sollen, und das Zentrum der Rüstungsindustrie Jena. Aufgegliedert in zwei Angriffskolonnen erfolgt daher der Vorstoß der Panzer der 4th US AD entlang der Reichsautobahn und unter nördlicher Umfahrung der Städte und erreicht so die Saale. Nicht so einfach gestaltet sich die Besetzung der umgangenen Städte durch die nachfolgende 80th US InfDiv. Erfurt kapituliert erst nach heftigem Widerstand am 12. April 1945. Weimar, das von seiner Besatzung geräumt wird, ergibt am gleichen Tag und Jena wird am 13. April 1945 kampflos besetzt.

Festeinband, A5,
336 Seiten, 140 Abb.
978-3-86777-648-6

29,95 €

11. Band

Das Buch knüpft an die beiden vorhergehenden Bücher zum XX. US Corps an und ergänzt die bisher erschienenen Bücher zur Saale-Unstrut-Region, zur Besetzung von Zeitz und Weißenfels und zum Leipziger Südraum an. Mit der Eroberung der Saale-Brückenköpfe am 11./12. April 1945 steht dem XX. US Corps der Weg für den letzten Angriff nach Osten frei. Während die Infanteriedivisionen in ihrem Rücken noch mit der Beseitigung letzter Widerstandsnester beschäftigt sind, beginnen sie am 12. April 1945 mit dem Angriff. Lediglich aufgehalten durch zerstörte Brükken über die Weiße Elster und einzelne Widerstandsknoten stoßen sie in kürzester Zeit zur Zwickauer Mulde und am 14. April 1945 erobert die 4th US Armored Division die ersten Brückenköpfe. Einen Tag später steht sie am Stadtrand von Chemnitz und die 6th Armored Division sichert einen Brückenkopf über die Mulde in Rochlitz. Deren Kräfte fühlen weiter nach Osten vor, ziehen sich aber gemäß den alliierten Vereinbarungen wieder zurück.

Festeinband, A5,
358 Seiten, 171 Abb.
978-3-86777-649-3

29,95 €

12. Band

Das Buch betrachtet die erste Phase des Vorstoßes des VIII. US Corps von General Patton's 3rd US Army, das am 3. April 1945 aus dem Raum Frankfurt/Main kommend, zwischen dem XX. und XII. US Corps in die Front bei Eisenach eingeführt wird, bis zur Linie Gotha- Oberhof. Da dem Corps nach seinem Eintreffen im Raum Gotha am 4. April 1945 die, bereits am westlichen Stadtrand stehende, 4th US AD des XII. US Corps unterstellt wurde, macht das Buch einführend einen Zeitsprung und beschäftigt sich ausführlich mit den Ereignissen um die Einnahme von Gotha und um dessen Kampfkommandanten Oberstleutnant Josef von Gadolla. Anschließend widmet es sich der Besetzung von Eisenachs und den Kämpfen beiderseits des Kammes des nordwestlichen Thüringer Waldes von der Hohen Sonne bei Eisenach bis Oberhof. Eine weiteres Kapitel betrachtet den Raum südlich von Gotha mit dem Truppenübungsplatz Ohrdruf und der Nachrichtenzentrale Olga, dem, im Bau befindlichen, Führerhauptquartier im angrenzenden Jonastal und dem KZ-Außenlager Ohrdruf.

Festeinband, A5,
400 Seiten, 224 Abb.
978-3-95966-109-6

34,95 €

13. Band

Das Buch schildert die Einnahme der Stadt Weißenfels durch die 69th US Infantry Division des V. US Corps der 1st US Army. Am 12. April 1945 hatten Panzerverbände der 9th US Armored Division des V. US Corps bei ihrem Vorstoß auf Leipzig die Saale zwischen Merseburg und Weißenfels erreicht. Dabei waren sie auf der gesamten Breite auf gesprengte Brücken und den Widerstand der Feuerstellungen des mitteldeutschen Flakgürtels gestoßen. So auch in Weißenfels, wo es zwischen dem 12. und 16. April 1945 zu Kämpfen zwischen den deutschen Verteidigern und der nachfolgenden amerikanischer Infanterie kam.

Festeinband, A5,
200 Seiten, 170 Abb.
978-3-95966-401-1
29,95 €

14. Band

Das Buch setzt unmittelbar an den Band 12 an und setzt dabei die Betrachtung der Kämpfe des VIII. US Corps im Thüringer Wald bis zur Eroberung der Linie Friedrichroda – Gräfenroda – Oberhof zwischen dem 7. und 10. April 1945 fort.

Danach beschäftigt es sich mit dem weiteren Angriff des Corps im Rahmen der Wiederaufnahme der Offensive der 3rd US Army zur alliierten Haltelinie an der Mulde im Abschnitt zwischen der Reichsautobahn Gotha – Gera und dem Thüringer Schiefergebirge bis zum Saale-Übergang des Corps. Dabei betrachtet es die Einnahme der Städte Arnstadt, Stadtilm, Rudolstadt und Saalfeld, die Entdeckung des Lagers Espenfeld des KZ-Außenlagers Ohrdruf und der Baustelle des Sonderprojekts S III sowie des unterirdischen Rüstungswerks REIMAHG, Deckname „Lachs", im Walpersberg bei Kahla.

Festeinband, A5,
308 Seiten, 210 Abb.
978-3-95966-110-2
29,95 €

15. Band

Der Band 15 schließt an die Bände 12 „Der Kampf um die Thüringer Pforte April 1945" und 14 „Kriegsschauplatz Thüringer Wald April 1945" an und befasst sich mit dem Vormarsch des XII. US Corps der 3rd US Army durch die Rhön über die Werra zwischen Breitungen und Obermaßfeld zum Rennsteig zwischen Oberhof und Neustadt am Rennsteig und der Eroberung der Thüringer Waffenschmiede Suhl – Zella-Mehlis.

Neben der Darstellung des Werra-Übergangs bei Wasungen und der Waldkämpfe beiderseits des Rennsteig bis zur Linie Ilmenau – Neustadt am Rennsteig – Schleusingen beschäftigt sich der Band mit der Einnahme des Festen Platzes Meiningen, der Kämpfe im nördlichen Grabfeld und der Einnahme des Ausgangsraumes Hildburghausen – Römhild für den Angriff auf Coburg.

Festeinband, A5,
328 Seiten, 262 Abb.
978-3-95966-111-9
34,95 €

16. Band

Der Band 16 der Buchreihe „Das Kriegsende in Mittedeutschland 1945" ist die Fortsetzung des Bandes 15 „Der Kampf um die Thüringer Waffenschmiede April 1945" und behandelt den Vormarsch der 26th und 90th US Infantry Division des XII. US Corps der 3rd US Army von der Linie Ilmenau – Neustadt am Rennsteig – Schleusingen – Hildburghausen durch das Thüringer Schiefergebirge und das nördliche Oberfranken bis zur Saale-Linie von südlich Saalfeld bis zum oberfränkischen Hof. Dabei erfolgt eine ausführlich Betrachtung der Einnahme der thüringischen Städte Eisfeld und Sonneberg, der Befreiung des KZ-Außenlagers „Laura" im Oertelsbruch bei Lehesten und der Sicherung der Saale-Talsperren.

Festeinband, A5,
316 Seiten, 202 Abb.
978-3-95966-112-6

34,95 €

17. Band – Ende 2024

Der Band 17 ist der vorletzte Band zur Darstellung der Besetzung der südlichen Teile Mitteldeutschlands durch die amerikanischen Streitkräfte im April/Mai 1945.

Nach dem Saaleübergang des VIII. und XII. US Corps der 3rd US Army zwischen Jena und Hof nähern sich Mitte April 1945 die Kämpfe in Südostthüringen und Westsachsen dem Ende. Lediglich entlang des westlichen Erzgebirgsrandes leisten sich Verbände der Deutschen Wehrmacht weiter vereinzelte Gefechte mit den überlegenen amerikanischen Panzerkräften. Dieser Band beschäftigt sich mit den Kampfhandlungen des VIII. US Corps bis zum Erreichen der Zwickauer Mulde und Weißen Elster von Zwickau bis zur deutsch-tschechischen Grenze bevor der Band 18 das Ende des 2. Weltkriegs im Erzgebirge und die Kapitulation der Deutschen Wehrmacht im deutsch-tschechischen Grenzgebiet thematisiert.

Festeinband, A5,
ca. 300 Seiten, 200 Abb.
978-3-95966-113-6

34,95 €

18. Band – Ende 2025

Mit Band 18 endet der Teil der Buchreihe „Das Kriegsende in Mittedeutschland 1945", der sich mit der Darstellung der Besetzung der südlichen Teile Mitteldeutschlands beschäftigt.

Nach dem Erreichen der Zwickauer Mulde endet im April 1945 der Vorstoß des VIII. und XII. US Corps zur alliierten Haltelinie, doch noch ist der Krieg nicht zu Ende. Erst mit dem Ende ihrer Berliner Operation beginnt die Rote Armee mit dem Aufschließen zur Haltelinie. Bis dahin gehen die Kampfhandlungen von Chemnitz bis ins deutsch-tschechische Grenzgebiet weiter. Erst die Kapitulation der Wehrmacht, welche versucht, sich unter allen Umständen der Kriegsgefangenschaft durch die Rote Armee zu entziehen, beendet das sinnlose Sterben im Erzgebirge und Böhmerwald.

Festeinband, A5,
ca. 300 Seiten, 200 Abb.
978-3-95966-475-2

ca. 34,95 €

1. Sonderband

Broschur, A4,
68 Seiten, 47 Abb.
978-3-95966-274-1 19,95 €

2. Sonderband

Broschur, A4,
68 Seiten, 76 Abb.
978-3-95966-390-8 19,95 €

In Vorbereitung

19. Band [2026] –
Endziel Berlin – Der Stoß zur Elbe
978-3-95966-476-9

20. Band [2027] –
Amerikanische Besatzungszeit in Mitteldeutschland
978-3-95966-699-2

21. Band
Das Kriegende in Mitteldeutschland – Geheimnisse und Mythen
978-3-95966-701-2

22. Band
Das Kriegsende in Mitteldeutschland – Neues seit 2010
978-3-95966-702-9

Historische Karten im Verlag Rockstuhl

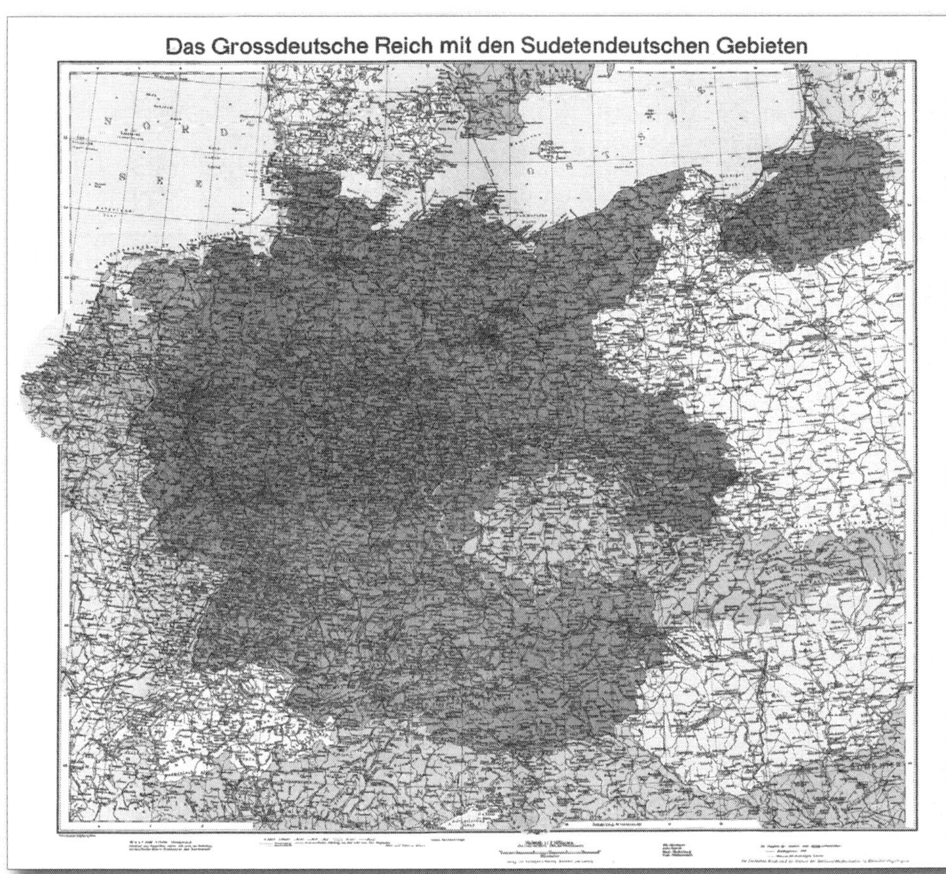

Historische Karte:

Deutschland – Das Großdeutsche Reich mit den Sudetendeutschen Gebieten 1938

Die Karte erschien 1938 im Maßstab 1 : 2 000 000. Im vorliegenden Reprint wurde diese um 8 % zum Original verkleinert. So entsprechen 1 mm auf der Karte nahezu 2 km in Wirklichkeit.
Die Karte hat ein Außenformat (Breite x Höhe) von 64 x 61 cm und eine Darstellungsgröße (Breite x Höhe) von 63,3 x 62,6 cm.
ISBN 978-3-86777-419-2   24,95 €